CRISTO

Oscar Contreras-Marañon

Edición Original

©2020 Oscar Contreras-Marañon

86 Nacional Street,

Salinas, California. Estados Unidos.

Las historias en este libro, aunque ficticias exploran la realidad. Todo parecido con la realidad es solo un parecido. El evangelio y otras obras de referencia siguen siendo el evangelio y aun las obras de sus autores.

Permisos
Exertos del Diario de Santa María Faustina Kowalska "Usado con permiso de los Padres Marianos de la Inmaculada Concepción."

Todos los derechos reservados

Es prohibida la reproducción de este libro sin el consentimiento del autor. Es del autor la alegría porque todo hombre y toda mujer compartan la buena nueva. Pidiendo permiso y entonces dado, tendrás todo el consentimiento y autorización del autor de usar toda y cualquier palabra de este libro con amor y en el amor, escribirlo; dictarlo, en los labios cantarlo. Proclamarlo en doquier, proclamarlo. Gritarlo, anunciadlo. Es de Cristo. Es de Dios.

Para obtener permiso de reproducción escribe a una de las siguientes direcciones. Si la reproducción es para escribir tu opinión sobre el libro, tuya es la libertad de usar la porción que necesites.

86 Nacional Street, Salinas CA 93906 | Librocristo@gmail.com

ISBN 978-1-7360740-0-8 (paperback) | ISBN 978-1-7360740-1-5 (e-book)
ISBN 978-1-7360740-2-2 (audio libro)

Library of Congress Control Number: 2020921528

A la niña Madre

Y a todo hombre

Contenido

Poema A la Bella Novia y Dulce Esposa...................................viii

Escucha Pueblo Mío..x

Nivel 1 Alma Perdida. Alma Encontrada....................................15

Nivel 2 Las Bodas del Cordero...33

Nivel 3 La Promesa..43

Nivel 4 Canto y Profecía...61

Nivel 5 ¿Dónde se Esconde la Leche?..71

Nivel 6 Lepra...81

Nivel 7 Despierta Capitán...92

Nivel 8 Colgando de Un Hilo..101

Nivel 9 Manos Manos que Tocan y Esparcen....................... ...107

Nivel 10 Amor...121

Nivel 11 Por Edgar la Intención..135

Nivel 12 Verdad...150

Nivel 13 Talita Cumi...165

Nivel 14 Ley y Justicia...175

Nivel 15 Letanías: María y Los Santos......................................195

Nivel 16 Lugares..209

El Sello Abierto..224

Poema

A la Bella Novia y Dulce Esposa

Bella novia; dulce esposa
Escucha el mensaje y en Mi reposa

Conoce el tono de Mi voz, vibrado de Mi amor[1]
Clamor de Tu Pastor

¡Oh novia!
Eterna novia y esposa
De blanco viste
Prepara tu aceite [2]
Tu lámpara enciende
Déjala que alumbre; queme y consuma
Como consume; quema y alumbra Mí corazón

Ya voy a tu encuentro
Amada mía; mía querida
Violeta linda

En Mi descansa; en Mi reposa
Como descansan las mariposas entre los lirios y entre las rosas[3]

---

[1] Ct 2:14
[2] Mt 25:1-13
[3] Ct 2:16-17

Oh amada, preguntáis, ¿Descanso, de dónde y cuándo vendrás?[4]
Fija pues tu mirada hacia los montes y ve; el tiempo cambió; el tiempo es ya

>Ama y se amada
>Amada mía
>Mia Querida
>Violeta linda
>Hermosa rosa
>Hojita de sol

A tu encuentro ya voy

---

[4] Sal 121

Escucha Pueblo Mío

scuchen montañas. Escucha costa mar y cresta, toda raza y toda tierra, todo credo y toda fe. Escucha pueblo y nación la palabra de Yahvé.

Esto dice Yahvé a los montes y a las colinas, a las quebradas y a los valles:

<<Del libro de la vida,

abre ya el cordero.>>

En las nubes esta su trono.[5] Viene ya el joven que tomó la cruz. El que no quiso dejar a nadie solo con su pecado; el inocente; el dado a muerte. Del que se decía:

<<Salvó, más no pudo

salvarse así mismo.>>[6]

Él es el mismo que dio su amor, y por el mundo, en cruz se entregó.

---

[5] Ap 1:17
[6] Mt 27:42

<<Preparen el camino del Señor, ya viene y está cerca,>>[7]

gritaba una voz en el desierto. Y como antes, se escucha de nuevo y la escuchan decir,

<<El tiempo es ya, caminen los senderos rectos que no hacen tropezar. Llenen los templos y adornen sus paredes. Corten mosaico y de estrella pinten sus techos. Hagan fila y tomen pan del altar. Unan sus labios a la copa que rebosa. Esta lista ya la mesa y el Marido come con la esposa.>>

Anuncio una voz y vuelve a anunciar.

Ella, de la luz testifica, cual brilla en lo oscuro y resplandece en lo profundo.

Allí, el trono de gloria lo alumbra todo, y todo arde cual consumé un volcán. Salen de Él, llamaradas de fuego que, como el sol, quema, calienta, y lo enciende todo.

Fue y es ahora, y las mañanas ansiosas están de verlo nuevamente andar.

---

[7] Is 40:3

Y ya lo escucharon algunos cuando Él dijo, <<Escucha pueblo mío.>> Pues del oído se desataron los nudos y el sordo escucha ya.

Arrepiéntanse y crean. Porque pronto está el día. Lista está el hacha, afilada y apuntada a la raíz.[8] Llega ya el tiempo, la noche cae, y el día se aproxima. Ya se escuchan a lo lejos lamentaciones y los dientes al rechinar. Corrijan pues los senderos.

Escuchen el evangelio y conozcan sus caminos, cual habla del culmen de la historia y ofrece al corazón arrepentimiento y conversión.

Los padres de nuestros padres y sus abuelos, y toda persona que camino este mundo, quiso conocer la Verdad, andar por sus senderos. A ella le llamaron Libertador; El Mesías; El Cristo; Dios con Nosotros. Para la gente que lo vio y lo escuchó, Él era Jesús, hijo de María, hijo de José, el carpintero.

Las palabras de la Verdad son poema y consejo. Ellas son, vara que corrige; miel del colmenar. De ellas se escucha ritmo y rima, y el alma las recibe bien. Las palabras de la Verdad abren el ojo, el cojo anda, y la muda grita.

La Verdad te invita a conocerla, ella Cristo es. Al igual que el ciego, el

---

[8] Mt 3:10

> cojo, y el mudo, Cristo te hace la pregunta: ¿Crees?[9]

Dios te llama. No es coincidencia que escuches las palabras. Nada sucede por accidente, eres amado por Dios, y Él te ama.

Hoy como ayer, el evangelio sigue siendo Verdad de Cristo, palabra de la Verdad a la cual nada se agrega, y nada se quita. Es ella perfecta y todo contiene.[10] Créela, amala, vívela. La vida, igual no será.

Las palabras mías no son. Nadie es nada sin Dios. El Autor es mucho más grande que yo, y todo hombre, y toda mujer. Yo soy solo el mensajero como lo es todo el bautizado. Cierto es San Juan Bautista.

> «De desatar la correa de sus sandalias, ¿Qué manos son merecedoras?[11]»

Es Él, quien desciende de los cielos y es Dios de todo cuanto se mueve debajo de él. Es Él, quien te invita a conocer la vida sin velo y tapujo. Es Él, quien se inclina para escuchar los latidos del corazón. Y es Él, quien viene y próximo esta.

---

[9] Mt 9:28
[10] Qo 3:14-15
[11] Jn 1:27

Si eres mi mamá, mi papá, mi hermano, o mi hermana,
en la fe o en la carne, presta atención. El tiempo es ya.

Nivel 1
Alma Perdida. Alma Encontrada[12]

Pequeña, era el alma quien quiso crecer. Brotó, de la tierra salió. Nació. En tierra se dio.

Se extendió, como una planta creció. Se estiró y ya grande exclamó,

> <<! ¡Quiero un trabajo donde dinero pueda ganar! Para tenerlo, y luego gastar.>>

Trabajó. No le gustó, en cambio le fastidió. Habló diciendo,

> <<Quiero una casa y un carro, viajar, y conocer. Feliz, entonces seré.>>

---

[12] Contreras- Maranon, O., "¿Corona de Joven o Fruto de Árbol?," Anchor, 2020, fecha de consulta 22 julio 2020, en https://anchor.fm/dashboard/episode/eemib9.

De todo tuvo, y de tener, nada faltó. Pronto le fastidió tanto tener, y en vez de tener, mejor quiso ser rey. Dijo,

>> Rey quiero ser. El único rey. Cómo yo, ningún otro rey, pues no habrá mejor rey. Una corona, una cede, corte también. Así un rey.>>

Tuvo una cede, corona, y trono también. De rey todo lo fue. Y fue menos de lo que pensó. Nada era. Rey de todos, sí, pero todo se le hizo nada. Pronto aburrió.

No fue lo que pensó y mal sabor le tomó, y otra cosa más quiso ser. Un importante, el más alabado, un dios quiso ser. Se subió a una torre y no a la nube. Tomó el momento, después tomó el aire, entonces gritó y chifló hacia los vientos,

>>Más que rey, ya yo soy. Soy un dios. Del viento girador, cual supremo del sol, sostén de la vida, el ausente de muerte y el muerte ausente. Eso. Todo eso. Todo un dios.>>

Y fue violín que chilla y no toca. No cruzó los rayos del sol junto con madrugada. Como dios, no le salió nada, ni a veces ni nunca. Nada movió. Nada llenó. No fue nada, menos que nada. Nada pasó. Fue vacío, de todo lo fue. Desentonado, desafinado, todo un rechinado, de mente, un torturado. Un violín mal tocado. Un chillido pesado.

Dio un paso atrás diciendo,

> <<¿Qué me falta para mover el sol, y porque no puedo voltear el viento?>>

Gritó confundido,

> <<¡A quien espanto! Pues si grito, zigzaguea mi alarido de la tierra al cielo, pero más raya y más truena el rayo del cielo al suelo.>>

No movió el sol, ni la luna. No movió el mar ni cambió de piedra al cangrejo. Su voz no fue trueno. No fue suyo el viento. No le obedeció la vida. No le hizo caso la muerte. Toda cosa y toda creatura hacía lo que quería. Dijo,

> << ¿Cuál es la probabilidad de que dios no mueva el cielo?>> <<cero.>>

Rápido calculo.

> <<Dios, lo que quiere hace y por conclusión, todo lo que quiere, Él hace. No soy dios de la luna, ni supremo de ningún sol. No toco

>ninguna estrella, ni lejos o cerca soy yo quien las pone, o quien las acerca>>

Mirando hacia abajo, opacados vio sus pies, brillando vio la tierra.

<< ¿Qué gano? Qué vano.

Qué triste mi tiempo. Todo fue nada. De nada todo. Nada mi voz, no más que los astros. Importante es respirar, y yo no fui importante. ¿A quién alabe? ¿Cómo quise ser alabado?>>

Y no respondió, solo preguntó,

<< Rey de todos ¿De quién fue el Rey? ¿De una corona, de un Castillo? ¿Trono de quién?>>

Y en silencio no respondió, en cambio se cuestionó,

<< ¿Viajé y fui feliz, yendo a donde fui? ¿Fue mi casa feliz? ¿Feliz en mi carro? >>

Eran muchas las preguntas y sobraban las palabras, tan solo lograba decir,

✝

<< **A**mbición. Pobre ambición. Ambición en el trabajo. Ambición en el ganar. Ambición para tener. Ambición para gastar.>>

Alma vacía. Atormentada al ver que nada era nada y cansado de las preguntas solo pensó,

<<**Q**uise ser grande más que pequeño, y pequeño, que poco fui.>>

En caminos de Cristo:

El Joven Rico[13]

Triste es cuando el joven lejos de casa mira una cosa, le gusta y la compra, y luego mira aquella otra y no la deja sin tener. Acumula. De regreso a casa, carga el camello de tanto y de todo, que cuando el camello topa con puertas pequeñas, no las puede pasar.

Y aunque el joven empuje y jale, y jale y vuelva a empujar, el camello, no va a pasar.

---

[13] (Mt19:16-30) (Lc 18:18-30)

El joven llena su vida de cosas, ¿Cuántas son necesarias? Puede que diga,

>><<Esto es para esto, y esto otro, es para aquello.>>

Mas cosa por cosa en verdad, no sean para esto, y menos para aquello. El joven, primero poco y luego mucho, formula argumento de cosas sin caso. Posiblemente esté fastidiado y asqueado de tanta cosa, y aun, distinto se atreva a arreglar. Las puede mover a un lado, y las puede mover al otro, y de otra forma y de aquella otra las quiera arreglar, más el camello no va a pasar.

Un día, Cristo miró a un joven rico, el joven corrió hacia Él para encontrarlo. Al tener a Cristo frente a él, se arrodilló, <<Buen maestro>> lo llamó. << ¿Por qué me llamas bueno?>> preguntó Cristo, y dijo, <<Solo Dios es Bueno.>>

El chico le preguntó acerca de la fórmula para llegar a la vida eterna, y fue ella la misma para pasar camellos por puertas estrechas. Dios escuchó las palabras del joven. El joven habló de lo que había en su corazón. Cristo le dio la respuesta a su pregunta y le mostró mucho más, así es Dios, así es Cristo.

Cristo propone,

<<Sigue los mandamientos, los de la ley.>>

20

Es solo Dios quien conoce las profundidades del corazón. Y conoce Cristo que el joven se esfuerza por ser buen chico.

Dios, orgulloso de los mandamientos cumplidos en juventud, se deleita en ellos y del corazón del joven, los va enumerando:

> << No mató. No hurtó. No cometió adulterio. No mintió. No engañó. A su padre honró.>>

Y el joven del camello y el joven rico están convencidos de que bien, todo lo hacen, y, aun así, no pueden pasar.

> Y a una sola voz ellos contestan, << Ya todo lo hago.>>

Sí, uno se ha esforzado por cumplir los mandamientos, y sí, y el otro a jalado y empujado y distinto acomodado, pero les falta algo. Cristo añade,

> <<Anda, bájale a tus bienes para que pases. Vendé lo que tienes y repártelo al necesitado. Abriga al desnudo y calza al descalzo, y luego vente a camello o sin camello, no importa, pero sígueme, yo cargo una cruz.>>

La respuesta del joven no deja el corazón sin lastimar. Por la honestidad se da cuenta el joven que no...no todo lo hace. Una verdad está revelada, no todo lo hace, y la respuesta es amarga.

Cristo lo miró y se dio cuenta del alma. La mirada de Cristo fue pura. Cristo no solo es un buen maestro, hay verdad en sus palabras y en su mirada. Él no puede mentir, Él es el Santo de Santos. Susurra Cristo al corazón del joven,

>><Uno solo bueno hay, ¿O soy, o no soy lo más bueno en ti? Escucha y practica el mandamiento que te doy, Soy Yo la Vida eterna.>>

El joven lo escucha y lo resiste, y su corazón endurece y al pobre rechaza. Las riquezas son muchas y el corazón no encuentra lugar para el pobre ni para Cristo.

El mensaje de Cristo es verdadero. Él tiene poder sobre el sol; la luna y los astros; los reyes del mundo le adoran. Cristo, miro al joven, en sus ojos fijó, y de él, Dios andaba enamorado. El chico en cambio, no quiso saber nada. Amó Cristo al alma; el joven, a Cristo dio la espalda. Cristo quiso que el joven pasara. Joven, lo amó más que a nada, más que a la vida, al joven, Dios amó más que a nada. Amargamente, algo más valió al joven. El camello no cabría con tanta chatarra. Y el joven no quiso dejar ni una pisca, no quiso bajarle nada.

Se fue el joven por donde vino, herido, perdido por el camino de la amargura y lastimado por la ambición y la codicia.

Amó Dios al joven de tal manera que, al encontrarlo sin verdadera vida por el camino, a su cruz agregó el peso del joven, camello y chatarra. Cristo ató del joven su tristeza y amargura a la cruz, y la tristeza no lo amargo. Se fue cargando la cruz como el buen pastor va cargado a la oveja perdida, cargó con una y cargó con todas. Por el pueblo se fue acusado y azotado. En la esquina el insulto yacía. Los pies le ponían. Lo tropezaban. La cara le escupían, pero Él, se levantaba y perdonaba.

Su pueblo estaba desnudo; su ropa se quitó, y a al pueblo desnudo cubrió, como gallina guarda pollito de frío. A nadie quiso dejar; todo lo dio.

Al joven cargó todo el camino, y el camino era largo. Cupo solo la cruz por una puerta pequeña.

En Caminos de Cristo

El Pequeño Pobre[14]

Pequeño era uno en el evangelio que pudo pasar puertas pequeñas, y a Cristo siguió. Él era rico, más su riqueza

---

[14] Lc 19:1-10

no le importó. Todo lo dio. Su nombre era Zaqueo, y su vida, de Cristo llenó.

Zaqueo era cobrador de impuestos, un publicano. Como Cristo, judío, como también lo era su pueblo. No obstante, su pueblo lo aborrecía. Su gente lo rechazaba. Sacaba de los bolsillos del rico y del pobre, y con una cantidad se enriquecía, el resto, a Roma lo daba.

La región de Jericó y sus alrededores ya habían escuchado hablar de Cristo y de sus muchos milagros. La gente traía a sus enfermos para que por Él fuesen sanados. Cuantiosa era la gente que venía al encuentro de Cristo, que se formaban barreras a su alrededor para verlo y escuchar su mensaje.

Era extremadamente pequeño Zaqueo que, al llegar Cristo a su pueblo, rápido la gente a su alrededor formó una muralla humana que no dejaba ver. Cuando un hombre a Cristo con el corazón quiere ver, lo que sea se atreve hacer. Se trepa en un tronco y las ramas escala, llega a la cima del árbol y como fruto se amarra. Así él; así Zaqueo. Trepado en el árbol Zaqueo en Cristo aseguro su mirada. Cuando Cristo pasó por debajo del árbol miró hacia arriba y a Zaqueo dio su mirada, y lo llamó.

<<Baja Zaqueo, hoy me quiero quedar en tu casa.>>

Bajó Zaqueo. A Cristo abrió las puertas de casa.

Ya en casa, la gente murmuraba sobre Cristo y sobre Zaqueo. De Cristo ellos decían,

<<Se queda en casa de publicano y comparte la mesa con un ladrón.>>

La evidencia no fue necesaria, el pueblo a Zaqueo lo reconocía como ladrón. El publicano no cobraba lo debido, y no era secreto que se quedaba con un montón.

Zaqueo, ya no quiso la misma vida, no quiso el mismo pecado. Una vida distinta, era solo Cristo quien la ofrecía. Trepado de un árbol en Cristo miró un manantial del cual brotan los ríos de agua viva. Desde el momento en que del árbol bajó, Zaqueo tomó y bebió a sorbos del cántaro de la vida. Al abrir sus puertas, todo inundó y todo llenó. Su vida, Cristo cambió.

A Cristo no le importó ser crítica en labios de nadie, a todos miró y a todos amó. En Zaqueo no hubo mentira: en cambio, habito la Verdad. Supo Zaqueo reconocer sus flaquezas y a Cristo nada escondió. Hizo Zaqueo una promesa cual fue honesta. Los pobres tendrían la mitad de todos sus bienes, y a la persona que le robó, le devolvería hasta cuatro veces lo que le sacó, porque Cristo llena la vida y otra cosa ya no es necesaria.

Cuando su pueblo rechazó a Zaqueo, fue Cristo quien lo amó, quien lo miró, quien lo llamó, y aun lado no hizo su pequeñez. Ese día Cristo con Zaqueo se alegró. En casa de un publicano hubo fiesta. En los cielos las trompetas sonaban hasta tronar, porque,

<<Una muralla fue conquistada en Jericó.>>[15] <<Uno que estaba perdido, trepado de un árbol vio una gran luz.>>[16]

Zaqueo sin formular argumento de cosas, hizo como quitarle al camello lo que le estorbaba, después fijó la mirada al camello, y vio que también le estorbaba. Al otro lado de la puerta angosta ya estaba Cristo que le decía,

<<Zaqueo, la salvación te llegó.>>

Meditaciones

Cristo enamora. Son diferentes las historias. Dos van a Él, Él viene a los dos. Querer encontrarse con Cristo es siempre primero.

Los dos hombres se han dado cuenta de que Cristo hace milagros, calma la noche y arrulla el mar. Los dos querían confirmar con sus propios ojos lo que habían escuchado.

Cristo no rechaza a nadie, al contrario, el Joven rico prefiere algo más que al buen maestro. En cambio, que

---

[15] Jos 6:20
[16] Is 60:1-3,19

le importa a Zaqueo subirse a un árbol. Que le importa que lo ridiculicen por ser pequeño o de ratero lo juzguen. A Zaqueo todo le impide llegar al maestro, pero ante nada se rinde. No se da por vencido, ni por su pequeñez, ni por la multitud, ni por su pecado. A este pequeño no le importa quedarse en la ruina. En Cristo mira ganancia. En Cristo mira su vida.

Reflexiones

Un hombre tenía muchos bienes, el otro se vació de todo. El Rico era rico de todo, mas lleno de nada. En cambio, aquel que fue pobre, solo de Cristo llenó.

<<Sígueme,>> le dijo Cristo al joven

<<Sígueme,>> te dice a ti. ¿Iras?

Piensa a solas. Piensa que igual que el joven rico, te encuentras con Cristo. Te mira. Su amor es hondo, profundo. Él conoce tu mirada. Él conoce la lágrima. Él da la alegría. Cristo tu nombre lo sabe, y por tu nombre te llama. Cristo te mira, y a los ojos, y al instante te ama.

Míralo. El alma lo anhela. Mira cómo te ama. Abandónate en su mirada.

Sabe reír y te sabe contagiar. Y te pregunta, << ¿Qué hacemos con el camello?>>

Aprovecha el silencio del alma.

El libro de la vida escrito derecho y por el revés, repite el nombre de Zaqueo, del joven rico, está vacío. Su vida vino y se fue. Solo quería saber cómo se llega a la Gloria, cuando la vio, la rechazó. Más de Zaqueo conocemos más que su nombre, y son paralelas las vidas. Uno rechaza el mensaje como rechazando al pobre. El otro, al pobre acoge como acoge a Cristo en su casa, abre la mejor botella, le prepara una cena y todos vienen y comen de ella. Zaqueo ama al pobre y ama el rico. El joven rico en cambio, solo ama una riqueza y no puede dejar lo que al camello le ha cargado. El camello no cabe por esto y por aquello y nada quiere dejar. Algo le recuerda a alguien y aquella otra cosa tiene un buen olor. No supo que decir, el dinero y la chatarra valía mucho, y el rechazo pesaba más.

Oración

Tener los zapatos que todos tienen y vivir en la casa más grande de la cuadra, ¿De qué sirve esto Dios? Y ¿Porque hay un afán en tener? Se puede tener un par de zapatos, y luego dos, y después muchos, y al final de cuenta, todos fueron para caminar. En cambio, hubo aquellos que caminaron descalzos y calzado no tuvieron. Y se arregló la casa, se adornó de plantas y se compraron los muebles. Y en toda recamara hubo algo que llamara la atención y fue bella y fue grande. Y las recamarás, aunque bellas y aunque grandes, jamás hospedaron al forastero ni dieron alojamiento a la joven embarazada.

Te ruego Dios mío, toques los corazones del joven, del grande y el chico, para que en el día final de ellos se escuche:

>   «Tuve calzado y a otros calcé.
>   Y tuve casa y cuartos de sobra y cuartos ocupados y aun así alojé.»

Y se escuche:

>   « Di lo mejor, sí, lo más bueno, porque así quise para mi hermano.»

Y se diga:

>   « Sí, el carro preste porque alguien más lo necesito, y yo puede ir a pie.»

Y entonces esas voces se oigan, y el cielo retumbé de júbilo cuando ellos digan,

<< Sí, saqué de la cartera lo tenía y
se lo di, porque no tenía y yo sí.>>

Dios mío, esta vida es corta. Más rápido llega a su fin que la gota tarda en devolver al mar. ¿Y cuándo se acabe qué? Que sea tortura al ver que se pudo dar, compartir, amar, perdonar, alojar y así no fue. Y en cambio, fue preferido en vida el odiar, ira dictar, escupir con envidia, y juicio encarar.

Dios, que mi oración sea para los hombres en la tierra alegría, y jubilo en el cielo. Tú nos enseñas a obrar la ley y los caminos en gracia son perfectos en Ti.

Consejo

La corona solo pesa en la cabeza. Estorba. Puede uno ser el más importante, sí, pero también puede que olvide que alguien importa más. A las cosas no vale la pena aferrase, lo que importa es abandonarte en el Señor.

Cuando uno olvida abandonarse, quiere mover el cielo y el mar con sus propias fuerzas, y no recuerda que tiene un Dios que todo lo puede.

En los silencios de la mañana y en la mudez de la noche, hazte la pregunta << *¿Estoy satisfecho?*>> y permite la oportunidad de ser sincero contigo mismo. Si cuenta te das de que las cosas no llenan, y descubres el vacío de la vida, pregunta,

> <<¿Vale la pena acumular, o es mejor entregarle la vida a Dios?>>

Mira tu vida. Puedes notar tus huesos cubiertos de carne, la carne cubierta de ropas, y la ropa tapizada de marcas. ¡Cuidado! No sea que entre más grande y cara la marca, se vuelva lo más importante, de esta manera, de marca y sello solo querrás llenar la vida, y el vacío del alma no se llena de sellos ni tapa con marca.

¿Vale la pena prestar el tiempo a solo gastar y luego a tener? Puede que, de mucho gastar, acumular y arrumbar, solo en eso se convierta la vida.

Si buscas en lo alto te vas a encontrar con el aire, necio serás si lo intentas acumular. Si buscas en lo bajo, polvo te vas a encontrar, no lo intentes almacenar.

> Vana es la gloria del hombre, tarda más una estrella fugaz. En las palabras del rey, <<Es como querer atrapar el viento.>>[17]

---

[17] Qo 1:14-17

Sabiduría

San Pablo nos recuerda que:

> Cuando las cosas reinan en nuestra vida, a ellas nos vendemos como esclavos. En cambio, en Cristo reina la libertad. [18]

---

[18] Rom 6:16

Nivel 2
Las Bodas del Cordero

Acarició su cartera y sacó la tarjeta para pagar. Alex fijó su mirada en la botella de vino, quedó cautivado. Era increíble que sus manos sostuvieran una botella de Cheval Blanc 1947[19], del siglo veinte, vino muy fino. Al llegar a casa llamó a sus amigos y familiares. <<*Vengan a ver la botella y a celebrar conmigo el año nuevo*>>, les dijo contento. Claro, Alex no sirvió el vino, no abrió la botella. Era ella solo para mostrar y sacar en ocasiones especiales, pero no para beber de ella.

En año nuevo Alex sacaba la botella y bromeaba con su familia.

<< Le voy a tomar, ahora si le voy a tomar,>>

él decía, más pronto se arrepentía.

---

[19] CONTRERAS- MARANON, O., "Corpus Christi," *Anchor*, 2020, fecha de consulta 22 julio 2020, en https://anchor.fm/dashboard/episode/efdtc7.

El chiste pronto se hizo viejo y pasó a ser tradición junto a las uvas y el beso de año nuevo. Con el paso de los años añeja fue la botella, por consecuencia, más rico fue su sabor.

Alex empezó a perder la memoria a partir de los 57. El año nuevo del 2017, olvidó sacar la botella, olvidó cuantos años tenía, olvidó quien era. Los años que siguieron fueron duros para la familia, más unidos siempre fueron.

Al fin de la vida de Alex toda la familia estuvo reunida. Recordaron los buenos tiempos. Los hijos recordaron a su padre, la esposa a un buen marido, los hermanos y la comunidad, a un hombre ejemplar. El funeral no fue triste, estuvo lleno de buenos recuerdos, una risa y una broma. Celebraron la vida de un hombre honrado.

Sus hijos eran el vivo ejemplo de Alex. Eran hombres y mujeres piadosas, mujeres de familia, hombres dedicados a Dios.

En memoria de su esposo, la esposa de Alex tomó la botella de vino para bromear con todos como hacia su esposo. Al coger la botella, un sobre yacía debajo de ella cual leía: Para mi hijo Miguel.

Después de bromear con todos, la madre le entregó el sobre a su hijo. La nota solo decía, << La botella es tuya, ya sabes qué hacer con ella.>>

Un domingo un sacerdote abría una botella de Cheval Blanc 1947, la vació en el cáliz, la elevó y pronunció las palabras de consagración. Ese domingo la iglesia celebró Corpus Christi con el mejor vino transformado en sangre, y un santo llamado Alex, estuvo presente.

En caminos de Cristo:

Las Bodas de Cana de Galilea[20]

La celebración era en grande. La novia se preparaba junto a sus damas y su madre, pronto sería unida en matrimonio. Las flores olían a miel, la comida estaba preparada y el vino estaba servido.

Cristo, su madre y sus discípulos fueron invitados a la boda. Enorme era la alegría y el festejo que el vino pronto se agotó. Bebieron los invitados primero el mejor vino, y luego agotado, bebieron el otro vino, y después de ese vino, el encargado de la boda dio a beber el que no tenía calidad y también este se agotó y todo vino vació. La boda era para largo y el vino faltó.

María, la mamá de Cristo, llena de gracia vivía el momento. Llena del Espíritu Santo fue donde Cristo y le contó lo que en la boda sucedía. Cristo por su parte responde,

---

[20] Jn 2:1-11

<<Aún no ha llegado mi hora.>>

No. Aún no ha llegado la hora. Aún no ha llegado el momento de la cruz, le dice a su madre, y claro en sus palabras. El calvario aún no ha llegado. Aún una espada no traspasa el alma de la virgen madre[21]. Aun una lanza a Cristo no atraviesa el costado. Mas, sin embargo, Él y ella ya anuncian que del hijo del hombre brotan los matinales de agua viva y ríos de sangre.[22]

Había en el banquete unos recipientes para la purificación judía.

<< Llénenlos de agua,>>

les dijo Cristo a los sirvientes. Una vez llenos y echa la obra de Cristo, dice Él:

<< Lleven y den a probar al mayordomo, el encargado del banquete.>>

El agua, ya no es agua. El mayordomo ni en cuenta de dónde salió el vino, y no queda expresión alguna que elogiar al novio. Pues admite,

<<Para el banquete, yo no estaba preparado,>>

---

[21] Lc 2:35
[22] (Jn 19:35) (1 Jn 5:6)

Y de alegría, al novio, el encargado dijo inspirado por el Espíritu Santo.

> <<En toda boda primero se sirve el mejor vino, y luego se bebe el de inferior calidad. En esta boda en cambio, tú has reservado el mejor vino para esta hora.>>

Cristo transformó el agua en rico vino, cuando Él da es siempre lo mejor.

Cuatro personas: Cristo y María, y el novio y la novia. Estas cuatro se pueden reducir solo a dos: Un hombre y una mujer: El nuevo Adán y la nueva Eva.

Meditaciones

Este es el primer milagro de Cristo en su vida pública, y es María primer testigo. Es ella llena de gracia y Cristo la perfección. María da al mundo a probar del fruto de la vida, a quien cargó en su vientre por nueve meses. Ella es el sagrario que carga la verdad para que sea revelada al mundo.

En un libro se escribió por el derecho sobre una mujer. Ella daba a comer del fruto de la desobediencia que produce la muerte. El mismo libro vuelve a escribir al revés, esta vez, sobre la mujer que muestra a la humanidad la fuente de cual sale el agua viva, cual destruye, humilla, y le quita el poder a toda muerte y a toda maldad.

Todo. Cada acción, palabra y decisión, fue de acuerdo con los tiempos de Dios. María es grande en el Reino de los cielos. Fue ella quien intercedió, no solo por la nueva pareja, o por las parejas que con los novios renovaban sus votos de matrimonio, por los invitados sentados en los mejores asientos, por los niños que jugaban en el centro, o por el colado a la fiesta. Sino también intercedió por el muerto en vida, por el perdido, y por el falto de alegría.

Cristo ha venido al mundo para redimirlo y ella es solo el instrumento cual se da al plan de Dios. Ella entrega a su hijo, hijo de Dios y Dios mismo a la humanidad, fruto bueno, fruto bendito y de su vientre. Al contrario de Eva que de su vientre entrega al mundo fruto del pecado, cual a Dios aborrece y rechaza.

Nada ha pasado fuera del plan de Dios, todo es como tiene que ser. Como un hijo deja a su madre y se hace uno con su esposa, Cristo une a la humanidad.[23] La ama de tal manera que por ella se atreve a cubrirla de rojo, le perdona todo, y se une a ella en matrimonio.[24]

Cristo es el novio que toma a la novia por esposa. Él es el amado que ama a su pueblo. Él da el vino que a la humanidad se le ha terminado. Al mundo vacío de

---

[23] (Gen 2:24) (Mt 19:5) (Mc 10:7-8) (Ef 5:30-32)
[24] Os 2:14-20

esperanza, reconcilia con Dios Padre por la falta de nuestros antepasados. Pues fue la desobediencia del hombre y de la mujer herencia en la sangre de la humanidad. En concepción, el ser fue rebelde.

<<Pecador desde el seno de

mi madre,>>[25]

Compone el salmista, y hace vista de la desnudez del alma. Alma desvergonzada y desnudada por el engaño, manoseada por todo morbo y toda maldad. Cristo en cambio, en seno maternal fue sin mancha. Él limpió al mundo del pecado y arropo al alma desnuda con la sangre que es por siempre divina y cual no conoce pecado. Usa pues el agua y los utensilios para la purificación de los judíos y los tiñe de rojo anunciando desde entonces su sangre, y Él purifica. [26]

Dios da siempre lo mejor y lo ha dado no al final sino al principio. Ya ha tomado a la humanidad por esposa, a la eterna novia. El vino anuncia la salvación; Cristo anuncia a su esposa. [27]

---

[25] Sal 51:5-7
[26] (2 Cor 5:21) (Nm 7:64) (Heb 4:15; 9:28)
[27] (Is 55:5; 61:10) (Mt 9:14-15) (Mc 2:18-20) (Lc 5:33-35)

Reflexiones

Sucede que en la vida llegará el momento donde cuestionaremos la razón de vivir, razón por cuál seguir. Llegaremos a pensar que nada tiene significado y que todo es casualidad. Al escuchar cómo es que encaja perfectamente el plan de la salvación en la humanidad, se contempla el infinito amor.

De Dios existe el plan perfecto. Puede en un momento el corazón dudar y entonces olvidar de la razón. Puede que no se vea el propósito de nada y nada tenga chiste ni gracia. Pero hay uno que le da propósito y razón a cada instante de la vida.

Al acabarse el vino, puede que también la alegría se agote; pero Cristo da la vida, y es Él, la razón de la alegría. Es Él, una abundancia sin termino ni fin. Para el que cree, es la vida. El que cree, entrega su vida a Cristo como la esposa se entrega su esposo cuando ve que el esposo por ella, entrega la vida.[28]

Cuando agotado te sientas como María habla con Cristo:

> <<Se acabó el vino. Se acabó la fiesta
> en mi vida y no hay razón.>>

---

[28] Ef 5:33

No olvides que Cristo está enamorado de ti ¿Pues entrega alguien la vida así? El vino de esto es señal.

María, madre mía, muestras tú el manantial de la vida, quien Cristo es, agua de la nueva vida.

Oración

Señor, cuando el mundo se llene de esta cosa nueva y de aquella otra, compadécete de mí. Mira mi fragilidad. Como la hoja que lleva el viento, sería yo llevado y arrastrado por corrientes que no llenan y no tienen caso ni cosa de Ti.

Cuando mis ansias no logré calmar, y a mi cuerpo yo mismo sin querer y sin darme cuenta inflija dolor, sé Tú mi calma, sé Tú mi paz. Cuando no vea salida a nada y el pecado intente tomarme a la fuerza y se aproveche del alma, rompe Tú toda atadura, ama mi fragilidad, quita sus garras y purifica mi alma.

Nada calma como Tú y nadie como Tú consuela, oh Cristo. Eres justo; amor. Comprendes todas las cosas y oculto nada te es. Los corazones que te temen, se someten, y el que te aborrece, se pierde de Ti. A todos amas y a nadie desprecias. Eres fuerte y contra Ti nada puede, ni el corazón que te rechaza y lucha contra Ti, es vencedor, al final se cansa de resistir y te abre un lugar o muere en soledad.

Cuando me falte el paso y las ganas de andar, renueva Tú mis fuerzas como el águila renueva las alas y emprende el vuelo de nuevo. Del enemigo no me escondas, sino que prepárame a enfrentarlo con valentía y coraje. Da fuerza a mis pies y santifica mis manos. Las palabras que habló y a mi hermano regaló, endúlzalas para que no hieran en corrección, sino que ablanden y enmielen el corazón.

Que mi trato a toda creatura no importe estatura o edad, sea del amor que viene solo de Ti. Que mi amor sea puro hacia mi hermana y mi toque suave hacia mi hermano.

Ayuda te pido cuando valiente no sea y me llene de dudas. Cuando vea la injusticia y nadie levante la ceja. Cuando falte el sacrificio y ya nadie quiera ofrecer. Que mis sacrificios, oh Cristo, sean en verdad y en justicia ofrecidos y santificados por Ti, y hacia Ti, y por amor a Ti y a la humanidad.

Da alegría a los días sin sol y de soledad y las noches cuando el corazón no encuentra la paz. Si marcho a la derecha o paso hacia tras, que al lado y atrás primero estés Tú. Que en la enfermedad Tu medicina no falte, y en la salud el gozo por la vida brille y los ojos luzcan Tu paz.

Cuando la muerte llegue y este cerca, ponte Tú a mi cabeza, y llévame no a la muerte, sino a la vida eterna.

Nivel 3
La Promesa

Un jueves por la tarde Noé llegó a su casa sin ganas, apenas tuvo las fuerzas para abrir la puerta y tirarse en el sillón. No tenía ni risa ni llanto, vivía sedado. No le encontraba sabor ni lo bueno a la vida. La muchacha que quería no lo quería, el dinero que deseaba no lo tenía, vivir, ya no sabía. La alegría de la niñez no recordaba en que rincón de la vida había olvidado, y de buscarla estaba agotado.

Quiso algo nuevo. Estaba aburrido, atrapado en rutinas. Vivía perdido. Buscó algo y a alguien que le hiciera sentir diferente. El mundo le dio a probar esto y aquello, y de tanto y de todo, Noé, su vacío quiso llenar.

Creyó en muchas cosas. Puso su esperanza en cristales, en energías, en hombres y mujeres que lindo le hablaban, triste era la realidad que con ganas de un buen mensaje siempre quedaba y su vacío no le llenaban. Eran dudosas las enseñanzas que él escuchaba, vacíos los días y sin sentido la vida. Las horas eran eternas y el tiempo nada llenaba, las enseñanzas como llegaban así se esfumaban y nada quedaba.

No pensó en guardar su corazón ni menos en proteger de nada su alma. No tuvo cuidado y todo mensaje escuchaba. Un día un falso maestro un iluso mensaje dictaba, pensó Noé, <<Hay verdad en sus palabras.>> No se dio cuenta de que con su falso mensaje una soga a su cuello este maestro amarraba y luego apretaba, con sus mentiras, su alma asfixiaba.

De huecas palabras y con un falto mensaje de vida y verdad lo engañaban. Libremente dio su atención al maestro que solo su tiempo quitaba. No fue cauteloso cuando de posibilidades lo ilusionaban. Con mentiras lo estrangulaban. No guardo su corazón y lo vació del alimento de la razón.

Pronto, razón la vida ya no tenía. De mentiras estaba agotado, y fuerzas ya no tenía. Como el hombre que busca y no encuentra descanso, así Noé, de la vida estaba agotado.

En caminos de Cristo:

Palabras de Vida[29]

Muy pronto siguió la multitud a Cristo. Hablaba cómo nadie habló jamás, enamoraba como nadie sabía enamorar.

---

[29] (Mt 5:1-12) (Lc 6:20-23)

Un día la gente se sentó al pie del monte para escucharlo. Al hablar, la gente le creía. La verdad decía. Sus palabras no eran huecas. No buscó que lo alabaran, no cobró por el milagro. Liberó al oprimido y hablo palabras de amor al que le faltaban. Cristo, sentado en el monte dio el mensaje de la vida:

- Al pobre, le anunció el Reino de los Cielos y todo lo que hay en él, y el pobre al escucharlo, rico se fue.
- Al que lloró, le anunció consuelo.
- A la inconsolable madre que un día lágrimas derramó, su corazón apaciguó.
- Al manso de corazón sentado en la multitud, llamó dichoso porque heredaría todo bajo el cielo y nada quedó sin ser de él.
- Al joven que buscó la justicia y la paz, llamó bienaventurado porque de paz y justicia, su corazón fue llenado.
- Al hombre perseguido, alentó a buscar la justicia porque la encontraría, y al encontrarla dado sería el Reino de toda la vida.
- Al misericordioso, sin dar importancia al recibir, prometió misericordia, y está, en abundancia.
- Al que acecha la paz, lo llamó hijo de Dios y lo agregó a su reino.

Cristo dio a conocer al Padre en los cielos. Al que entrego ese día su corazón, en Cristo fue liberado, y en Cristo, el Padre fue revelado.

«Sal y luz del mundo,» fue la mujer y el hombre que lo escuchó predicar palabras de la Verdad.

Como los cristales de sal cuando se espolvorean en la comida, se escurren y se infunden en ella, entonces toma la boca y la lengua es gustosa, así Cristo es en la vida del ser humano y el sabor de la vida no falta. En Cristo existe el sabor de la vida y Él, la da intensificada. Como la luz que se enciende para alumbrar en lo más oscuro, así Cristo enciende la vida. La oscuridad pues, no tiene poder, porque lo que oscuro estaba, en Cristo se dejó ver. ¿Sirve pues de algo la sal sin sabor? En Cristo hay sabor y de sus cristales es llena la vida. Cuando la lámpara se esconde y no resplandece su luz, ¿Qué propósito tiene? En Cristo hay luz, su flama enciende la vida y ella en medio de toda duda, nervio, y ansiedad alumbra.

Cristo fue clavado y puesto en el sepulcro. Resucitó y el Espíritu de Dios a los fieles fue otorgado. Ello fue la promesa dado en el monte, Fue esta la promesa cumplida. Ya no en tablillas de piedra; ahora en el corazón.[30]

Para el que prestó atención, la vida tomó un rumbo nuevo, porque por la Verdad fue liberado, y renovadas sus fuerzas. Y el hombre que agua buscó, su sed en Cristo calmó y la vida encontró.

---

[30] (Jn 20,19-23) (He 2)

Meditaciones

Tu mensaje oh Cristo es muy contrario a los mensajes que los falsos maestros aún siguen divulgando. Entre más encaminan a la supuesta verdad, en verdad guían por senderos de polos opuestos. Es raro el maestro que guía por senderos de Tu Espíritu, más bendito sea ese mensaje.

>Por los buenos frutos, se da el buen maestro, Tu buen mensaje. <<Conocimiento perfecto de Ti, Cristo, quien nos has llamado por Tu propia gloria y virtud>>, <<para que por ellos seamos partícipes de Tu naturaleza divina.>>[31]

>Ellos son los siguientes:

---

[31] 2 Pe 1:3-4

El Temor de Dios

SE PUEDE COMPARAR CON ÉL BEBE DE MAMÁ

Cuando la Sarah nació, su madre alimento de pecho le dio, además de todos su cariñitos y de todo su amor. Su mamá descubrió que, de caricias y masajitos, Sarah mucho gustó.

Cuando la Sarah creció y comezón en la espalda le daba y no se lograba alcanzar a rascar, a su mamá le pedía prestadas las uñas para que por su espalda las pudiera pasar. Sarah nunca olvidaba dar gracias, pues todo lo que necesitaba y lo que anhelaba su madre por su bien se lo daba.

Dios es con nosotros infinitamente bueno. Ah dotado a buenas madres con mucho amor y cariño, ¿Es casualidad?, O será porque Dios es el culmen de todo amor, misericordia y bondad.

Todo lo que es para nuestro bien, Dios libremente lo da, las gracias le demos, o no. La verdad es que de nuestra parte es injusto no dar gracias por todo lo que Dios da a nuestra vida. Aunque no agradezcamos ni temamos, y aun nos atrevamos a ser ingratos y arrogantes, Dios nos sigue amando. Al ser agradecido con Dios, la vida del ser humano es amplificada y nunca achicada. En cambio, cuando gracias no damos, la vida se vuelve insignificante y no permitimos ver la grandeza en nada. En cambio, nos conformamos con una insignificante pequeñez que nada abarca y nada llena.

En verdad, no sé la razón por la cual Dios íntimamente nos ama. Solo sé que nos ama. Si de ejemplo te sirve, mira que Dios nunca te empuja y siempre te da tu lugar. Tu nombre Dios se lo sabe, te protege y anda contigo en todo lugar. Dios está en lo lejos y está en lo cerca, y entre más lejos estés, más cerca se encuentra. Al reposar el alma en Dios, Él calma las ansias y como flor, ella no se atreve a marchitar. Él rompe candados. Sabe la clave encripta y vuelta a encriptar. Dulce con Dios es el momento, más si probaras la hiel, recuerda el dulce sabor de su miel.

Recuerda que el temor de Dios no es tenerle miedo, sino el temor de ofenderle a Él, bondad infinita, quien ofensa no merece. Pues es Él quien calma toda hambre, quien ofrece un cariño infinito, y de quien emana todo el amor.

Piedad

ES PERDONAR PARA AMAR

Cuando Cesarin era pequeño, le gustaban mucho las matemáticas. En el salón prestaba atención y en casa con diligencia hacía la tarea.

Un día, sin que él se diera cuenta, Rebeca (su compañera de clase) le pegó un papel en su espalda que leía, <<Patéenme>>. Cuando Cesarin fue a sacarle punta a su lápiz, algunos maldosos lo patearon. Al día siguiente, Rebeca tomó el asiento detrás de Cesarin. Con su pie meció su escritorio toda la sesión de clase, así lo fastidió. Rebeca con Cesarin era muy grosera y todo el año lo molestó. Al terminar el año, Cesarin se encontraba frustrado, pues en clase ya no prestaba atención. Eran fastidiosos los días, el amor a las matemáticas abandonó y las aborreció.

Cuando Cesarin creció, un día con Rebeca topó. Aún Guardaba dolor, aún guardaba rencor. Más vio que a Rebeca no le iba bien, y se compadeció. Hablaron un poco y luego mucho. Cesarin fue honesto con ella. Rebeca le dijo que pateaba porque otros pateaban, otros molestaban. Cesarin comprendió que en casa era abusada y maltratada. Él sabía lo que dolía ser maltratado, él conocía las espinas del rencor cuál guarda en el corazón <<Nadie puede actuar diferente si primero no se le muestran,>>[32] pensó Cesarin. <<Hoy será diferente por la gracia de Dios>

Se abrazó del cuello de Rebeca, sus brazos la apretaron. Abrazándola, le dijo <<te perdono y te amo.>> Ella, por primera vez, conoció el perdón, por primera vez, se dejó amar.

Ciencia

ES LA MIRADA DE DIOS

Un martes por la madrugada, Valentina conducía a su amiga a la sala de emergencias. La chica sentía que se le reventaba el estómago. Camino al hospital, Valentina a Dios oraba, << Dios, Tú conoces el dolor, te pido no solo por el bienestar de mi amiga sino por todos los enfermos del mundo que esta noche estén pasando cualquier dolor. Gusto Señor, si lo permites ser Tu instrumento, te doy mi mirada. Usa mis ojos, ve al enfermo como solo Tú sabes mirar.>>

Al entrar a la sala de emergencias se sentaron junto a un joven, que se agarraba el pecho y le constaba respirar. Al principio, Valentina

---

[32] Lc 7:47

olvidó la oración que a Dios ofreció. El chico le preguntó si tenía algo de comer. Extrañada, Valentina no tenía nada que ofrecer, pero le dijo al joven que volvería y comida le traería. La cafetería estaba abierta y uno chocolates le compró. A Dios le entregó la obra de misericordia, y al entregar los chocolates al hombre se fijó en sus ojos. Al instante, Valentina supo que el hombre estaba en las manos de Dios, pues ya no se apretaba el corazón y respiraba sin complicación.

Fortaleza

ELLA LUCE LA JUSTICIA

Adrián siempre se creyó menos que los demás y digno de nada. Su familia le recordaba que para nada era bueno, aunque sus talentos abundaban. Él siempre se destacó por amar la justicia y la paz. Advocar por los derechos de los inmigrantes le apasiono. Tenía un gran corazón. En clase, cuando le tocaba presentar, los compañeros admiraban su forma de expresarse, su forma de entregarse.

Una mañana, mientras caminaba a la escuela, Adrián vio como unos chicos golpeaban a un indigente. A Dios pidió las fuerzas para poder defender y ayudar al desvalido. Lleno de valentía les gritó a los muchachos que en paz al indigente dejaran. No le importó lo que pudiera pasar, el defender al indefenso fue lo más importante. Los chicos se llenaron de rabia contra Adrián. Uno de ellos se acercó a él para enfrentarle. Cuando vio que Adrián no se movía y que al indigente con la vida protegería, el chico sintió miedo. Los muchachos advirtieron a Adrián que si se volvía a meter en lo que no le importaba le iría mal. Cuando los chicos se marcharon Adrián se acercó al indigente para servirle. En ese momento Adrián se dio cuenta de que Dios concede la fuerza para enfrentarse, a cualquier situación, hombre o mujer. La fortaleza está de parte del que ama la justicia.

Recuerda, <<Todo lo puedes en Cristo que te fortalece.>>[33] En Cristo sabrás como actuar y sabrás que la valentía viene de Dios. Su plan lleva tu nombre grabado, plasmado, en su mano tatuado.[34]

---

[33] Flp 4:13
[34] Is 49:16

Consejo

ES AGUA EN EL DESIERTO

Pedro se despidió de su familia. Beso a su esposa y a sus niños, y al pueblo dijo adiós. Se propuso cruzar el desierto y al otro lado llegar. A medio camino y en la obscuridad de la noche, a Pedro el agua se le terminó. Por la mañana el sol se alzó y a medio día el sol más le quemó. Sin agua y sin sombra siguió caminando. Deseó descanso del sol y su sed pronto saciar, pero nada de sombra o agua encontró. Sus labios partieron; su garganta secó. El aire lo ahogaba, no podía respirar. Agotado y sin fuerzas en medio del desierto su cuerpo en la tierra tendió; se rindió. Propuso morir. A Dios le encomendó su esposa y los niños. Quiso llorar, pero sus ojos estaban secos, los cerró. Entonces, una sombra lo cubrió. Una mano se extendió y una helada botella de agua a su frente arrimo. Sus labios y garganta remojo. Revivió.

Entendimiento

ES SUMISIÓN A DIOS

Rogelio estaba confundido. Su trabajo de nueve años había perdido, y la hipoteca de su casa ya no lograba pagar.

Un día, vio un video mensaje de una mujer que decía tener un espíritu de paz, este garantizaba que todo bien estaría si él así lo quería. Rogelio se llenó de ánimo al pensar que, con solo querer, las cosas estarían bien. Buscó este tipo de mensaje que le aconsejaba solo a prestar atención a lo que le hacía sentir bien y desechar lo que no. El lunes, le decían que no se esforzara demasiado. El martes, que no fuera muy virtuoso porque así la vida gastaría. Llegó el día donde alentaron a Rogelio a prestar atención a las señales del universo, "ellas mostrarían" que pronto vendría lo que él más quería. Rogelio buscó en todo y de todo sacó una señal, así el día entero, semana y mes lo vivió, hasta que agotado de tanto y en todo buscar, se puso a llorar.

<<Dios mío,>> lloró Rogelio, <<Que confundido estoy, miró hacia arriba y busco hacia abajo, y una respuesta no logro encontrar.>>

Dentro de Rogelio una paz le decía: <<Porque inviertes tu tiempo y esfuerzo buscando señales. Dios está siempre contigo, y de esto todo es señal. Disfruta del día y da gracias al tu creador por el momento con pruebas o no. A Dios da la gloria, porque todo es señal. Recuerda, Dios demasiado te ama. Él, tu llanto escuchó. Mira las aves del cielo, mira como vuelan y se deslizan, hay cientos, miles, millares de ellas y ninguna se preocupa de lo que ha de comer mañana. Saben que como ayer, antier, y todos los días de su vida, Dios les da el alimento, es c quien les da el viento y las hace volar. Admira las violetas y los lirios del campo ¿Acaso alguna de ellas se preocupa de lo que a vestir o la ropa que se pondrá? De ninguna manera, es Dios quien las viste, y ningún rey, figura o persona ha vestido como alguna de ellas. Ahora bien, si Dios ama a las aves del cielo y a las flores del campo, cuanto más no ha de amar a un hijo que por nombre llama Rogelio.

Rogelio entendió, que cuando uno gusta, hasta de piedras se pueden sacar señales. Si uno se deja fácil el oído endulzar, le pueden embabucar. Rogelio dejó de invertir su tiempo levantado piedras para ver si un mensaje se escondía debajo de ellas. Permitió en cambio, que las piedras, piedras fueran.

Rogelio dejó que la abeja produjera la miel, y que el felino acariciara el cuerpo a su pierna. Dejo que la lluvia cayera y fecundara la tierra. En vez de buscar en videos mensaje, permitió que Dios calmara su mente, y tomara sus ansias. En Dios se abandonó, y solo en Él, la fe Rogelio confió.

Sabiduría

POR TI GUSTA SER ENCONTRADA

De Dios pide la sabiduría, ella de nadie se esconde. La buscas, y por ti quiere ser encontrada. Ella se encuentra en las plazas y está a tu puerta. Hizo las maletas y a tu vida gusta entrar. Solo de Dios viene la sabiduría, y Él gusta que veas las cosas desde su punto de vista. Con ella tomarás decisiones de acuerdo como mejor en la vida convenga. Podrás razonar y actuar de acuerdo con como Dios así te inspire.

Cuando Salomón iba a ser coronado nuevo rey de Israel, a Dios pidió sabiduría para reinar sobre su pueblo.[35] Tuvo el rey un reinado abundante de lujos y de bienes, pero lo que aprecio era la sabiduría, más que las perlas y

---

[35] 1 Re 3:3-15

las piedras preciosas, más que los metales y todo el oro del mundo, de ella hizo su compañera, de ella vivió enamorado. Considerable sabiduría tubo, que los reyes y gobernantes del mundo escucharon hablar de Salomón, y de lo lejos y de lo cerca, a su corte para escucharlo llegaron.

Como Salomón, anhela la sabiduría. Pídela con humildad de corazón, gústale y tiéndele la alfombra roja; hazte inseparable de ella. No importe la pobreza, hazla lo más importante. Más que todos los lujos y todos los bienes del mundo, ella te adornará como ninguna joya sabe adornar; hermoso te vestirá como ningún lino fino y como ninguna ropa sabe arropar. Al lado de ella todo es como el polvo y nada tiene valor. Ella fina y pura es. Pronto esta, no la dejes sin tener. Pídela y la tendrás.

Oración

Cristo, Tu promesa está llena de verdad, si miro en contra de ella con mentiras me habré de encontrar. Único es Tu consuelo. Únicas son Tus palabras. Nadie puede hacer lo que Tú haces, cumplir como Tú las promesas.

Tú llamas al corazón en medio de la noche y hablas a los sueños en compañía. Los cantos en Tu honor se escuchan en la temprana mañana y Tu voz, durante el día me acompaña. Tus senderos Señor, se apartan y se distinguen de los del mundo. Lo que Tú ofreces es único, inigualable. Algunos raro lo ven, y no se equivocan porque es más raro que el oro y la plata, más raro que los diamantes y las perlas. Las alejandritas y el berilo rojo no son comparables con lo mucho que eres Tú. Encontrar lo que Tú ofreces no es como encontrar los metales y las piedras de este mundo. El oro no tiene oídos para escuchar ni la plata pies para caminar. Las alejandritas y el berilo rojo no muestran amor ni compasión como Tú lo haces. Comparado a Ti Señor, todos los bienes y las riquezas del mundo pierden valor y las piedras preciosas: esmeralda, jade, ónice, y zafiro, no lucen color y no resplandecen como Tú. Las piedras y los metales pues, eres Tú quien los embellece y quien les da su valor; quien les da su color.

Pronto, esta generación cerrará los ojos y otra los abrirá, y Tú Señor, aún serás. El mundo se acabará, y las estrellas caerán y no brillarán. El viento del este se pondrá de acuerdo con el del oeste y juntos soplarán y al suelo arrancarán por su paso. El sol dejará de salir y se meterá para siempre y Tú Señor, aún serás. El príncipe de la injusticia ya no tendrá ningún poder y le pisarán la cabeza y su cráneo reventará[36], y todo lo malo se acabará y no encontrará lugar donde esconderse y los

---

[36] Jdt 13

hoyos no lograrán ser lo suficientemente profundos, y Tú Señor, aún serás. El tejido del tiempo y del espacio cambiará e igual no será y no se reconocerá, se preguntarán que fue y que pasó, y Tú Señor, aún serás.

Nivel 4
Canto y Profecía

<<*Aleluya*>> Entonaban los ángeles del cielo. <<*Gloria a Dios que viene a su pueblo*>>, cantaban las creaturas en las colinas y rugían las bestias del campo.

Arropado con un grueso abrigo, Juan, pasaba la noche bajo la luz de los astros cuidando de su rebaño. Con la mirada hacia el cielo y su dedo apuntando a las estrellas, daba forma a las constelaciones de la osa mayor, al cisne, la iguana, el pavo y la cruz.

En los cielos una nueva estrella nacía. Era bello el tejido de estrellas, hermoso el universo. Juan pronto aviso a los otros pastores. Maravillados quedaron. De Dios era todo cuanto veían. El nuevo astro regalaba su brillo como ninguno hizo antes ni tampoco después.

En seguida los pastores escucharon una voz que les decía,

<<Alegrad oh corazones. Regocijad oh pastores, que con ustedes es la gracia de Dios. Id, id a adorar al Mesías; id a adorar al Rey, su

redentor, al niño Cristo, que ha nacido ya.>>

Tomaron el rebaño, cruzaron el monte y pasaron el valle en camino hacia donde la voz les decía.

Juan, ni oro ni plata en las bolsas del abrigo tenía. A luz de luna y estrella, corto algunas flores multicolores que brotaban del campo. Al llegar al pesebre, los pastores entraron y se arrodillaron ofrendado honores al niño.

Que extraño, pensó Juan, era que el rey en ese lugar hubiese nacido. Los reyes del mundo en castillos nacían y una rueda de sirvientes desde su nacimiento les atendían, a este en cambio, solo la madre, el padre, un par de pastores vacas y bueyes a su nacimiento llegaron.

Juan extendió el obsequio de sus manos, un ramito de flores cortadas del campo bajo la luna y los astros. Cuando los pies del niño rey las flores tocaron, Juan vio que la mayoría estaban ya marchitas y carcomidas. Admitió el pastor en lo profundo del corazón,

<<Rey, no tengo nada que ofrecer, solo las flores que cortaron mis manos. Mi corazón al igual que este pesebre, es pobre y para ofrecer, de todo falto.>>

En seguida escuchó un a voz que decía,

>>No te inquietes Juan. Dé Él son todas las flores y Él las hace brotar; de Él son todos los corazones y Él los llena de su amor ¡Alégrate Juan! El Rey al igual que tú, también es pastor.>>

Aunque los años pasaron, Juan nunca esa noche olvidó. Todas las pascuas solía subir a Jerusalén en gratitud a Dios por la noche cuando la voz escuchó y obsequiándole flores al Mesías adoró. Era viernes por la mañana cuando Juan temprano al templo se dirigió. De pronto con una multitud se encontró, en su centro a un hombre llevando una cruz, el rostro lo tenía desfigurado y una corona de espinas en su cabeza habían colocado. Los soldados sin piedad le golpeaban. De sus barbas jalaban para que con el madero siguiera cargando. Muchas mujeres lloraban a su alrededor, una mujer logró acercarse y su rostro sangriento limpió. Juan miró como los soldados se burlaban de Él, bromeando se arrodillaban ante la cruz y le decían, *<<Salve el Rey de los judíos.>>*[37] Vio a los jefes del templo siguiendo la multitud aprobando lo que con Él se hacía.

<< ¿Qué mal ha hecho este hombre para que con tal odio le traten?>>

---

[37] (Jn 19:13) (Mc 15:18)

Juan se preguntaba. Siguió el camino de sangre, el camino hasta afuera de la ciudad y junto con la multitud, el monte que llamaban la calavera subió.

Tres hombres clavaron a cruz. La cabecilla de las cruces el delito de cada uno portaba. Dos eran ladrones, el tercero era un Rey.

> Que extraño pensó Juan, que un rey de esta manera, en este lugar, y entre ladrones tuviera que agonizar. Usualmente los reyes en linos finos y una gran cama morían, y una rueda de sirvientes hasta su muerte les atendían. A este en cambio solo la madre, algunas personas piadosas, un par de soldados, y un pastor a su muerte llegaron.

<<*Este es el Cordero, el Inmolado, a una cruz clavado,*>> era este duelo en el cielo << *Por su gente acribillado, por ella sacrificado.*>> De dolor era el canto que apenas se desanudaba en la garganta de la criatura que lo cantaba.

Juan bien comprendió lo que sucedía. Por la mañana a Dios se dispuso en el templo adorar, ahora frente a Él las rodillas doblaba, y unas flores le ofrendaba. Las puso a los pies de la cruz, a los pies del que las hace brotar, al que al igual que él, también es pastor.

En caminos de Cristo:
El Buen Pastor [38]

El buen pastor cuida las ovejas. El buen pastor da la vida por ellas. El pastor camina en frente en medio y detrás del rebaño, y las ovejas se sienten seguras de que anda el pastor entre ellas. Van ellas seguras. No solo el pastor las conduce a pastos verdes o aguas reposadas donde... puedan beber sin ser arrastradas, sino de todo peligro y depredador, Él las protege.

Cuando un pastor cuida de su rebaño, no es extraño que, con otros pastores al juntarse a charlar, sus ovejas se mezclen y revuelvan con distintos rebaños. ¿Como entonces va el pastor a poder diferenciar entre las ovejas de este y de aquel rebaño? Las ovejas no están marcadas con el sello del dueño.

Cuando el pastor se pone en marcha él llama al rebaño. El rebaño escucha y conoce la voz del pastor y saben que es tiempo de desmezclar y ya no tiempo de revolver. Una detrás de la otra escucha la voz y sigue los pasos del buen pastor.

Cristo hace frente a las críticas de los fariseos y los maestros de la ley. Ellos acusan a Cristo de que se mezcla y revuelve con los pecadores. Ignoran la realidad; ignoran que Cristo es Cordero de corderos y también es

---

[38] (Lc 15:1-7) (Mt 18:10-14)

el Pastor de pastores que tiene cien ovejas. Él sabe que le falta una. Y le importa el rebaño que tiene, y va en busca de la perdida. No le importa le salgan los lobos y su vida corra peligro. Y cuando la encuentra la toma en sus brazos y se la lleva cargando.

> Se dirá, <<por una oveja no vale perder la vida, es mejor tener las noventa y nueve, es mejor no arriesgar la vida por una.>> Cristo bien sabe cómo razona el corazón.

Cristo no tiene esta lógica. Él es el buen pastor que da la vida por las noventa y nueve, pero también la da por una.

La oveja extraviada se quedó comiendo en los pastos verdes. Se quedó donde el agua corre despacio y no se dio cuenta de que el pastor y el resto de las ovejas marcharon. Al no ver las otras ovejas y no escuchar la voz de su pastor, se espanta y se esconde, pues no se puede defender ella sola. Cualquier sonido que el viento arrastra le anuncia peligro. La oveja se pone nerviosa, consume de pánico, las piernas le fallan, y los músculos no le responden.

Cuando el pastor va en búsqueda de ella, la llama y la busca muy bien, ella, ni ruido ya hace por miedo a ser descubierta y ser bocado de algún depredador. Las rodillas las tiene rendidas y las piernas le son inservibles. Se ha escondido y está paralizada. Cuando es encontrada por el buen pastor, Él se alegra y ella escucha su voz. No puede ya caminar, Él, la toma en sus brazos la encima en sus hombros, y se la lleva cargando.

Dios encuentra a su pueblo perdido. A nadie manda a buscarlo, nadie llama como Él, nadie encuentra como Él, y nadie carga como Él.

Meditaciones

Él es el buen pastor, Cristo vino por las ovejas extraviadas del mundo. No solo por el judío, el griego y el romano. Sino, por el egipcio y el japonés. Vino por el mexicano y vino por el mormón. Vino por el negro y vino por el blanco. Vino por el privilegiado y por el que duerme en banqueta. Vino por el confundido y vino por el perdido. Y vino por el necesitado que le falta el consuelo de Dios. Los profetas lo anunciaron y el pueblo estaba como la oveja perdida ansiosa de Él. A través de David, Dios consuela a su pueblo en canto y profecía,

>><<Dios es mi pastor: nada me faltará; en delicados pastos me hará descansar. Junto a aguas de reposo me pastoreará.>>[39]

Los maestros de la ley y los fariseos al escuchar a Cristo hablar acerca de las noventa y nueve y la una que se

---

[39] Sal 23

extravió, solo escuchan <<*Blasfemia*>> Solo hay un buen pastor, y es Dios. E Ignoran que fue el mismo Dios quien advirtió desde tiempo antiguo ya, que los lobos saldrían a darle muerte al buen pastor y a agitar y hacer temblar al rebaño.[40]

Te invita el buen pastor a seguir su camino. El camino no es uno fácil de seguir. Muchos dirán,

> <<No sigas ese camino, mejor haz algo fácil donde no se cargue una cruz. No gastes así tu tiempo. Corta es la vida y los segundos y los minutos como se van, no regresan.>>

Vanidad de Vanidades es este razonamiento. Sí, la vida es corta, pero más corta y vana seria sin amor en acción. Recuerda, Cristo enseña con acción. No solo te invita a actuar cuando llenes de ganas, sino a estar siempre listo para lo que venga. Te fortalece cuando a tu encuentro salgan tus enemigos. Te enseña a cargar la cruz por amor, y por ellos te muestra como acostarte en ella. A ser dócil cuando las barbas te jalen y te arranquen la piel, cuando te escupan, e insulten a ti y a toda tu descendencia. Este es más que un buen maestro. Él, no te esconde la realidad, sino que te invita a formar parte de ella.

---

[40] (Ez 22:27) (Sof 3:3)

Reflexiones

Tomate el momento para ser consolado. No escondas la lágrima, pues si lo haces ¿será verdadera la sonrisa? Permite que los ojos se mojen de vez en vez y guarda de postre la sonrisa sincera. Si has llorado queriendo la verdad encontrar, y no has encontrado ni paz, ni calma, ni consuelo del alma, como la oveja perdida la habrás de encontrar, pero si solo lloras a solas y no quieres ser consolado, entonces te perderás.

Dios en brazos te quiere tomar, igual que el madero. Te quiere, y el descanso en sus hombros te ofrece, te toma y te carga, y te ama, y te ama mucho, y más que a su vida.

El judío esperó al Mesías. El Mesías se manifestó en un pesebre. Entonces el pueblo judío estaba bajo el yugo de una nación que lo aborrecía y no era la suya. Al Mesías esperado equivocaron. Pensaron que el Mesías, habría de liberar al pueblo de su yugo. Fue así, El líbero, más no del yugo romano, sino del pecado.[41] Esperaron a un guerrero, pero en vez recibieron al Rey. Los judíos sabían que el Mesías abría de nacer en Belén y que sería pastor del pueblo de Israel.[42]

Juan, el pastor, pudo admitir la pobreza de su corazón, y que, en realidad, nada poseía para obsequiar. ¿Cuál es

---

[41] Os 1:17
[42] (Gen 49:24) (Sal 79:13; 80:1; 100:3) (Ez 34:31) (Is 40:11) (Os 4:15) (Mi 17:14) (Jr 31:10)

tu pobreza? No te preocupes si como el pesebre, te encuentras pobre e impuro. Pesebre: lugar donde comen los animales, donde duermen, donde hacen sus necesidades, ahí nace el Mesías. No nace en un castillo, no nace en una cama, no tiene ninguna cuna. Nadie le quiso hospedar esa noche. José y María van tocando casa por casa buscando un lugar donde dar a luz. Aun al observar que María esta obviamente embarazada y con dolores de parto, nadie ofreció posada al hijo de Dios.[43] Llega Cristo a este mundo sin nada. Los pastores no le dan ni oro ni plata.

¿Qué le ofreces tú a Dios? ¿Qué le das a tu prójimo? ¿lo que sobra, o das hasta lo que no sobra? ¿Te preocupa la suma y la resta, o dejas a Dios encargado de la multiplicación? ¿Das lo que en tu corazón habita sin esperar nada a cambio, o das esperando alabanzas e intereses? Lo que no tienes, Dios lo comprende, y Él, conoce el corazón. Si las palabras son lo único sincero, nunca olvides que con las acciones se dice más.

---

[43] (1 Cr 17:5) (2 Sam 7:6) (Mt 8:20)

Nivel 5
¿Dónde se Esconde la Leche?

Gabriela recortaba catálogos y revistas. La memoria de su celular estaba agotada de cosas y retratos que ella gustaba. Se aferraba a lo que veía en ellas; todo quería; todo gustaba. Pensaba que, con solo desear las cosas y demasiado quererlas, las cosas pronto vendrían. Junto con ella, el ciego mundo llamó a esto, "El gran secreto de la vida". En verdad creía que las fotos le ayudarían a atraer lo que ella quería. Ignoraba que las fotos eran siempre tomadas del mejor ángulo y retocadas. Gabriela ignoraba que de otro ángulo y sin retocar, las fotos eran diferentes; ignoraba que en esas fotos la mentira se ocultaba.

Ella admirada el celular que todos tenían y lo quería. Escuchaba el comercial que decía,

> <<Tres cámaras integradas. Más grande, más rápido, tiene memoria, mucha memoria, y toda memoria, y ahora viene en blanco. Consíguelo hoy; que no te pillen sin tener en tus manos lo más nuevo, lo más bello, lo

> más lindo. Buenísima oferta; precio increíble No cuesta igual que el anterior ¡Cuesta más!>>

y ya que lo tenía, pronto escuchaba:

> <<Obtén el clásico. Nada como el clásico. No tiene tres, ni dos, sino solo una cámara, la vida es complicada ¿Para qué complicártela teniendo dos cámaras más que no usaras? Mira tu celular, ahora mira tus manos, ¿Tienes el clásico em tus manos? ¡No! Necesitas el clásico. ¿Por qué no tienes el clásico? Clásico, clásico. Ponte al tiro. Ponte al tanto. Ponte al clásico.>>

Y entonces así de fácil quería el clásico.

Miraba sus manos y visualizaba que entre sus dedos acariciaba la pantalla que ella quería mas no tenía. Se imaginaba mandando los textos y recibiendo llamadas. Las horas pasaba tratando de atraer cosas vanas hacia su vida. Vivía dando su tiempo a cosas que no valían la pena, cosas que brillaban y resplandecían, pero tan solo caía la noche, de las cosas el brillo se desprendía.

> En los días de su niñez cuando su mamá la llevaba de compras, la pequeña de todo antojaba y todo su

> mamá le compraba, una, por no tomar el tiempo de corregir sus berrinches otra, porque no sabía decir "no". Ella pedía una cosa y se le daba, de otra manera a la pequeña se le cerraba el mundo. Sus lloriqueos eran ensordecedores, se escuchaban en la primera fila del supermercado y también en la última. Aprendió a rechinar los dientes como uñas al pizarrón, que causaba escalofríos con solo ver el movimiento de su quijada.

Gabriela poco había cambiado desde su niñez. Inconforme aún seguía. Ya no era ninguna niña. Y quería una forma para vivir diferente, pero ¿Cómo? No sabía. Llegó a pensar que nunca dejaría de querer, cuando obtenía lo que quería, otra cosa pronto deseaba; la inconformidad era segura. Siempre quería más y codiciaba las cosas como suyas.

Ella confiaba en que ella atraía las cosas a su vida. Entre más quería menos saciaba; entre más tenía más quería y más vacía era la vida. Era miserable. Ella sabía que no todo marchaba de maravilla.

Por las noches su alma era atacada por fuertes pesadillas. Una noche soñó que un león rugiente corría tras de ella, abría el hocico, alzaba las garras para hacerla pedazos y devórala. No se daba cuenta de que su enemigo andaba como león rugiente y la asechaba.[44]

"El secreto" quedaba corto de lo que Gabriela en verdad necesitaba. Ella tenía la noción de que las cosas que a su vida llegaban eran porque las merecía y porque las quería. Tan pobre era, que solo tenía cosas. Tan miserable era, que más ella quería.

En caminos de Cristo:

Tentación en el Desierto[45]

El estómago tenía vacío y la garganta seca. Cristo había ayunado por cuarenta días y cuarenta noches y sintió hambre. El diablo se acercó a Cristo.

>><Convierte las piedras en pan para devorarlas y calma Tu hambre,>>

Le dijo el demonio. Cristo es el Dios que puede multiplicar los panes y los peces y a su gente alimenta. Él es el Dios que, al sacar a su pueblo de Egipto, hizo que lloviera sobre el campamento Israelita pan del cielo. Fue Él la roca que en el desierto les dio de beber y calmó

---

[44] 1 Pe 5:8

[45] (Mc 1:12-13 (Lc 4:1-13)

toda sed. Es Él, el pan que viene de lo alto y no viene a servirse a sí mismo, sino que sirve al mundo hambriento de la verdad, de la palabra de Dios. Pues,

>>No solo de pan vive el hombre sino de toda la palabra que sale de la boca de Dios>>

Contesta Cristo. Ella tiene el poder de quitar la venda de los ojos al que la escucha; ella desnuda al mal que intenta hacer caer al débil y al fuerte. Era ella quien plantaba la bóveda entre los cielos y el mar. Era ella que aplanaba la tierra, la que germina la semilla, y flores en primavera hace brotar.

Cristo, así mismo no se sirve. El trigo y la harina no sirve de nada si no se da a la humanidad, y Él, la da al judío como también le da el salmo noventa y uno, cuál es para exorcizar a los demonios y el diablo lo sabe bien. El demonio lleva a Cristo a lo alto del templo, al centro del culto a Dios, y a Cristo repite el mismo salmo que lo atormenta,

<<Salta de lo más alto. Está escrito en el salmo,>> <<Dios mandará a sus ángeles para que te sostengan y no dejarán que Tu pie tropiece con piedra alguna.>>

Sabe satanás lo que se siente desplomar del cielo.[46] El mismo cayó como rayo por la desobediencia al tentar a nuestros primeros padres y ahora tiene la audacia de tentar al mismo Dios.

<<No tentarás al Señor tu Dios,

también está escrito>>

Contesta Cristo.

Viendo que Cristo no caerá, por último, lo lleva al monte más alto y le muestra los reinos del mundo. Le muestra las ciudades y sus riquezas. Le muestra su gloria; le muestra lo que arrastra al hombre a codiciar y a la mujer a ser egoísta.

<<Todo es tuyo, solo póstrate

y adórame,>>

Le dice la mentira a la Verdad. Mas, sin embargo, el Dios que ama a todo hombre y que se desvive por toda mujer, aquel que los encontró escondidos en el Jardín del Edén después de haber sido tentados por el demonio, no se postra ni le adora. Satanás hace el ridículo porque está escrito,

<<Al Señor tu Dios adorarás, y

culto a Él, solo le darás.>>

---

[46] (Is 14:12-15) (Ez 28:15-18) (Lc 10:18)

Meditaciones

Pobre el que piensa atraer algo a su vida, pierde el tiempo pensando en solo tener. Todo en el mundo es de Dios. Dios lo da, y sí, también Dios lo quita. Gloria a Él, porque lo que se da, de su Gracia es, y lo que se quita, anuncia tiempos mejores.

Es que nada atraemos por nuestra propia cuenta. Claro, en nuestra mente formulamos un pensamiento, pero antes de que llegue este a la boca, Dios vio el corazón, y Él, ya lo conoce.

Dios nos libre de ser embabucados por palabras o doctrinas falsas. Hay quienes piensan que ellos mismos son creadores de su vida. La responsabilidad de crear Gracias a Dios, no nos pertenece. De lo que eres siéntete orgulloso, pues eres hijo del Creador y heredero de todas sus riquezas al poner la fe en Cristo.

¿De qué sirve entonces derrochar una excesiva energía en querer tener? Hay gracias a Dios un cumplimiento de toda ley, ésta: Cristo. Ya después de Cristo tener es añadidura. Una "ley de atracción" o "secretó" o como se atrevan a llamarle el día de mañana, no es nada nuevo. Una "ley de atracción" que a la vida atrae cosas no es nada más que una mentira y por padre tiene al padre de toda mentira quien repite al oído:

<<Arrodíllate y adórame y en

el secreto, pon la fe.>>

Es esta doctrina una manera enfermiza de ver la ley. "El secreto" que dice "atraer algo"[47], es aferrarse a las cosas como querer aferrarse al polvo que se esparce por el viento. La ley se obedece, ella no obedece. A la ley nadie le dicta. Cristo te invita a vivir la vida con Él. Si con Él la vives, podrás como Él responder,

<<Solo al Señor Dios adoraré, y solo

culto a Él daré.>>

Mucho cuidado con el que te diga que el pecado es una fábrica de la imaginación del hombre para controlar. Eres libre de hacer lo que te gusta. Eres libre de prestar tu atención al que te diga y te jure que

<< El pecado no existe, que satanás es

algo fabricado para espantarte, ¿y de

Cristo? Un buen maestro que descubrió

la meditación junto a Siddhartha

Gautama y otros maestros.>>[48]

Mensaje hueco y ridículo. La gente a veces pregunta acerca de Cristo Rey al menos indicado, al que odia a

---

[47] El Secreto, 2020, Prime Time World Wide Inc., fecha de consulta 22 julio 2020, en https://thesecret.es/.

[48] Qo 4:13-16

Cristo y por propósito le quita el enfoque al verdadero maestro y se queda en cambio, con una vana gloria y no conoce ni reconoce la verdad.

Como la leche se esconde cuando abres el refrigerador y no la vez, también satanás cuando se disfraza de algo que parece bueno, eso no cambia que frente a tus narices este lo que intenta ocultarse. También dijo la serpiente a nuestros padres que,

>><<Al comer del fruto del bien y el mal, serían como dioses y creadores de la vida.>>

Más, no fue ni Adán ni Eva quien fueron clavados a la cruz.

No te engañes ni tampoco te dejes engañar. Te recuerdo que todo en este mundo se nos está permitido, más no todo nos conviene, pues, no todo lo que brilla es oro. La arena brilla y también resplandece el metal menos valioso ¿Más que lucro trae todo el oro y toda la plata cuando falta hace la paz en el alma?

Consejo

No seas como el hombre que construyó en arena su casa, pues ella se vino abajo. Tampoco seas como el hombre que, en vano almaceno, pues le llegó la muerte, entonces nada almacenado él disfrutó. Tener es bueno, más, ¿Qué nos llevamos? Desnudos llegamos y con nada nos vamos. De lo poco o mucho que Dios te encargue, mejor atrévete a ser buen administrador porque las cuentas algún día rendirás. Así que no anheles tener mucho y menos tener poco. A Dios entrégale tu vida y lo mucho o poco que te dé y te permita; cuídalo y compártelo. Sé responsable.

Nivel 6
Veredicto: Lepra

Su abuelo había levantado la casa. Después de su muerte la había heredado a su familia. Cuando Fernando era pequeño, su ropa, los muebles, y sus juguetes se arruinaron de moho.

A pesar de que su madre se aseguraba de mantener las ventanas abiertas, la casa olía a encerrada y a húmeda. Pronto, a la familia le causó trabajo respirar. El médico informó a la familia que era urgente salir de la casa, ya que el daño en los pulmones se había concentrado.

El papá de Fernando llamó a un especialista de moho para revisar la casa. La familia la desalojó por algunos días en lo que recibían los resultados del daño. Cuando llegaron los resultados, leían:

> << La casa está cubierta de moho negro, desalojar inmediatamente.>>

La familia de Fernando siempre fue bastante unida. A Dios rezaban,

<<Dios, permite que todo salga de acuerdo con tu plan y permítenos la fuerza para aceptarlo.>>

Nunca olvidaban de hablar con Dios sinceramente. Después de que los albañiles y los especialistas remediaron el problema, la familia regresó, más les advirtieron:

<< Si el problema después de esto regresa, toda la estructura tendrá que ser demolida. Madero por madero y tabique por tabique, se tendrá que comenzar y reconstruir desde la agrietada base.>>

En caminos de Cristo:
Expulsión de los Mercaderes[49,50]

Entro Cristo en el templo de Jerusalén. Dentro los cambistas de dinero habían colocado mesas al lado de otras y hacían negocio. Dinero aquí y dinero allá, como si fuese algo normal. Los vendedores de palomas tenían jaulas detrás y encima una de otras, y también hacían lucro y mercado de la casa de Dios.

Cristo llenó de celo. El templo es casa de su Padre, y las mesas de dinero en su casa no caben, ellas no entrarán en el cielo. Del pueblo, los vendedores de palomas arrebataban el lugar de adoración y quitaban de su lugar al piadoso; el ladrón asaltaba la verdadera fe.

Tomó Cristo las mesas y las volteó. Las monedas pierden valor y dignas no son ni de mesa. Casa de comercio, su templo no es. Toman sus manos los lazos y derrumba con ellos los asientos de los que venden palomas, los asientos son solo del pueblo de Dios, Cristo, de la codicia los arrebata.

---

[49] (Mc 11:15-18) (Jn 2:13-17) (Mateo 21:12-32) (Lucas 19:45-48)

[50] Análisis: Expulsión de los mercaderes del templo, 2019, fecha de consulta 22 julio 2020, en https://www.youtube.com/watch?v=k27x0hM9dQk.

Dan cuenta los maestros de la ley y los fariseos y a Cristo reclaman,

> << Ya que haces esto, dinos,
> ¿Con qué autoridad lo haces?>>

Ellos miran a un hombre arrebatado, tirando y derrumbando por su paso, y no entienden por qué ha encelado. A Dios no comprenden y la casa de Dios no respetan.

> <<Casa de Dios y no de ladrón; casa de oración y no de comercio,>>

Predica Cristo.

Hace más ruido y más alboroto una moneda al caer de la mesa, que todos los maestros de la ley y los fariseos al escuchar la Verdad, a ella no pueden hacerle frente, la Verdad los descubre y el metal por ellos hace el ruido.

Lamentaciones

¡Oh Israel! ¡Oh Judá! ¿Qué no llorabas lamentaciones al lado de los ríos de Babilonia?[51] Tu primer templo había caído, tu primer templo no cuidaste y sin él te quedaste.

Sagrado templo, dividiste tus secciones y a la mujer y al hombre acomodaste en distintas áreas de oración. Mostraste tu culto y guiaste a tu pueblo. No cerraste tus puertas al no judío y diste tu bienvenida al piadoso que abrazó tu fe. Sagrado fue el lugar y santo fue tu suelo. Bendijiste los pies del sacerdote y aprobaste el sacrificio. ¡Oh Sagrado templo! Fue tu culto y fue tu suelo profanado, tus paredes enmohecidas y tus piedras manchadas. ¡Oh Sangrado templo! De ti no queda nada.

Saduceo, autoridad se te dio sobre tu pueblo. Negaste lo que no creías[52], ¡Oh saduceo! Negaste el levantamiento de los muertos y negaste la resurrección, dijiste y de tal manera actuaste,

>> <<No hay resurrección ni hay consecuencia de acción.>>

¡Oh frágil tu posición! De ti habló el antiguo rey al decir:

---

[51] Sal 137
[52] Hch 23:8

> <<De tal manera que no conocen los secretos de Dios. No esperan la recompensa de una vida santa, ni creen que las almas puras tendrán su paga.>>[53]

¡Oh saduceo elite!

> <<Para ti toda esperanza fue vana, todo esfuerzo inútil, ¡toda obra estéril!>>[54]

Fariseo, Cristo Tú fuiste, enseñaste y mostraste la resurrección. En cambio, tú, que te llamaste fariseo, solo en nombre lo fuiste, pues hablaste y no enseñaste, señalaste y no dirigiste. No creíste en tus palabras, y la vida no valoraste, pues gritaste, << *¡Muerte en cruz!*>>[55] al que ladrón te llamó. Fue en verdad que fuiste ladrón, pues de tu pueblo arrebataste la fe verdadera, y en cambio le diste una que no era sincera. Fariseo, oh fariseo, la verdad conociste y cuando la viste, la aborreciste.

Bendito Sacerdocio, resguardabas tú la fe de tu casa, y cuenta no prestaste cuando en burla tornaba. No cuidaste la casa de Dios, no cuidaste a tu pueblo. Tu casa fue casa del mundo y Dios a ella alumbro, luz entre las

---

[53] Sb 2:22
[54] Sb 3:11
[55] Mc 15:13-14

naciones la designó.[56] Tú en cambio no viste su luz encendida que en celo se consumía. Cambiaste su luz, te gustó más el brillo de la moneda. Al resplandecer del metal, olvidaste el mandamiento de Yahvé

>><<No pondrán junto a mí, dioses de plata ni de oro.>>[57]

Sacerdocio que guiaste a tu pueblo y lo corrompiste, y cuando cuenta te diste, a tu Dios despreciaste. Valió más el dinero y sus mesas, más fue el aprecio a la moneda y no al sacrificio y no a la misericordia. La corrupción del templo viste, oh sacerdote, y nada dijiste. Más fue la ganancia que la instrucción a tu gente. Satanás te mostró todos los bienes; las muchas riquezas, y te postraste.

Sumo sacerdote tú inspeccionaste las casas del pueblo cuando la gente gritaba << ¡*Hay moho*!>> A ello <<l*epra*>> llamaste cuando sus paredes del mal se cubrían. Tú descubrías si la casa contenía la impureza, tú señalabas las piedras para sacarlas y luego llevarlas fuera de ella, y las arrojabas lejos y afuera de tus murallas. Y ya remediado el problema, a la gente decías,

<<¡Oh pueblo! a casa volved, decorad sus paredes y haced fiesta otra vez, porque lo que estaba manchado, puro ya es.>>

---

[56] Is 60:1-6
[57] Ex 20:23

Más todavía advertías:

> <<Casa oh casa, si tus paredes de nuevo se manchan, piedra en mano será tomada y piedra en mano será arrojada, y tú, casa, serás derrumbada. Tu base será sellada y tus grietas tapadas, y tu lepra, al fin remediada.>>[58]

Meditaciones

Año 66 después de Cristo. Cansado oh judío de ser maltratado por el Romano, te rebelaste contra el imperio. Cuatro años después por tus calles, oh Jerusalén los cuerpos de tus habitantes tendiste, y tus murallas y tus puertas al mundo serraste, y no fue más tu templo la luz de las naciones. Oh Jerusalén, tu sacerdocio real no tenía ni para el pan del altar, no tenía nada que dar. Oh Jerusalén tus esposas y tus hijas de migajas estuvieron hambrientas, y la peste a tus hijos cubrió. Fueron atacados tus muros, Hubo guardia en la muralla exterior y ella calló, y hubo guardia en la segunda muralla y fue derrumbada, y el guardia de la tercera sabía que no quedaría ni piedra sobre piedra de la muralla que él cuidaba. Y se escuchó la voz del emperador, y el

---

[58] Lv 14:33-57

mercenario furioso de la muerte de sus legiones a manos judías, escuchó aún más fuerte la voz de los profetas que decían,

> <<Prenderé fuego a Judá y se quemarán los palacios de Jerusalén.>><<. Quemaré todo y derrumbaré todo y no dejaré piedra sobre piedra. Saquearé el templo y en ruinas dejaré su belleza.>>[59]

Entonces oh Dios mío, aquel hombre que un día fue cubierto por tus muros y exigía parte de la cosecha, ya no la recibió, y sus casas ya no ocupó porque le fueron arrebatadas por la acechanza y consumidas en el fuego. El vino no llenó ni una copa más[60], porque falto la mano que antes la uva de su jugo exprimió.

Fue entonces la corrupción del templo, del sacerdocio, y del mundo entero llevado fuera de la ciudad cargada encima de un madero por el arquitecto. En el lomo cargó la lepra y desde la base empezó a construir. Piedra sobre piedra se dispuso a quitar, y piedra sobre piedra se dispuso a colocar. Hizo una promesa, la nueva construcción no sería destruida. Y bastaría hasta el fin del tiempo.[61] Él sería la piedra angular, Pedro y los apóstoles la base, y tú y yo, las piedras vivas que

---

[59] (Am 2:5) (Jr 17:27) (2 Re 25:9) (1 Re 9:8) (2 Cr 36:19) (Sal 74:7) (Sal 79:1) (Is 64:11) (Jr 52:13)

[60] Mt 26:29

[61] Mt 16:18

construirían el nuevo templo de adoración al Dios de la vida; templo de Espíritu Santo, el templo de los fieles; la iglesia de Cristo.

Reflexiones

Cristo, sacerdote eterno, Tú profetisas el veredicto a los maestros de la ley, saduceos y fariseos. Está el templo corrupto y lleno de lepra.

> <<Terminarás con los palacios de marfil y serán demolidas las casas de piedra.>>[62]

Se derrumbará la estructura, y Tú serás el arquitecto que reconstruirá, más ya no con piedra, sino en medio del corazón de Tu pueblo.[63]

Reflexiona. Las nuevas piedras de la iglesia se alzan hasta el cielo.

> <<Eres tú, casa de Dios. Has sido cimentado en el edificio cuyas bases son los apóstoles y los profetas, y cuya piedra angular es Cristo Jesús. En él se

---

[62] Am 3:6
[63] Ez 36:26-28

> ajustan los muchos elementos, y la construcción se eleva hasta formar un templo santo en el Señor.>>[64]

Se pulen las piedras cuando cubren de moho y el constructor en su lugar las vuelve a insertar. Es fácil detectar cuando la piedra contiene lepra, pues la iglesia se viste de blanco. El constructor no se cansa de pulir y de
quitar la mancha, pues así fue que te amó, que cuidadosamente en tu lugar te colocó. Tú, eres parte de su nueva construcción. Sin ti, la estructura esta falta de una piedra. Cuando te creas indigno de formar parte de la estructura, piensa que no fuiste tú el que se escogió, sino que fue Cristo que un lugar te aparto y en tal te coloco. El constructor, al quitar la vieja piedra, en ti ya pensaba. Por ti, cargó con la maleza, y fuera de las murallas de Jerusalén arrojó la lepra encima de una cruz.

---

[64] Ef 2:20

Nivel 7
Despierta Capitán

«El verano es para la pesca», era el lema de Pedro. Tan pronto el sol anunciaba un largo día, sabía Pedro que los tiempos de nubes y lluvias en la historia quedaban. Preparaba las cañas y redes; se aseguraba de que el equipo de seguridad y navegación estuvieran sirviendo y listos para zarpar. Calentaba el sol; subía la temperatura, y del muelle entraba y salía su barco.

Pedro era una alma generosa que disfrutaba del mar, y mucho más en compañía de amigos y conocidos, y de toda persona que por la pesca tuviera la más mínima curiosidad. Era su pasión y la compartía. Su afán por la pesca era tal, que no era nada nuevo que lo pillaran comenzando y terminando casi toda conversación acerca del mar, de peces, de antojos de camarones y recetas de cangrejos.

Un domingo en el temprano verano, Pedro alistó todo para salir, y zarpó en su barco al alba. Aborde del barco, Pedro y un amigo que no veía desde la infancia se disponían a capturar toda clase de peces además del límite de salmón. Además de ayudar a Pedro con las cañas, también su amigo tomaría las fotos de la captura. Con solo una cámara, unas tortas, y varias cervezas, los amigos se dispusieron a disfrutar del mar, la pesca, y el buen clima.

Pronto, la pesca fue abundante. Algo después, las olas comenzaron a arrullar la barca. Cansado por el arrullo del mar, su amigo deseo descansar, se acostó, y ligeramente entro en profundo sueño.

Al despertar, el cielo se había tornado gris y una marea se había desatado. Pedro sentía que las olas voltearían el barco, más no quiso alarmar. Volteó a ver a su amigo que sonriendo le tomaba una foto. Pedro calmó. Estaban aún lejos de la costa cuando llegó la lluvia y se desataron los truenos. Pedro nuevamente se empezó a preocupar, pero al ver que su amigo estaba tranquilo se volvía a tranquilizar. Al moverse por el barco Pedro sé tenía que sostener fuerte de los rieles, pero calmaba sus nervios cuando veía admirado que su amigo solo se sostenía balanceando los pies. Pensó Pedro,

> << ¿Cómo es que él, siendo inexperto tiene tal calma y perfecto balance?>

Llegó el momento que Pedro ya no tenía control de nada. El barco fue poseído por el mar y las olas, entonces pensó Pedro,

> <<Este es nuestro final. El viento no cesará, y el mar nos tragará. Nuestros

cuerpos no se encontrarán, esta es nuestra suerte. Que trágico e injusto nuestro final.>>

En cambio, su amigo solo pensaba,

<<Oh Dios, grande Tú eres. Dios del viento y del mar. Te obedece el cielo, y el trueno escucha Tu voz. En la angustia, Tú eres la esperanza, en el frío mi abrigo. Tú mi paz. Tú mi consuelo. Lluvia en el desierto, alimento del hambriento.>>

Tan pronto en silencio ofreció su oración, al barco salto un enorme salmón, enseguida se calmó la marea, la tormenta, y el viento.

De regreso a la costa, Pedro confesó el miedo que sentía cuando la tormenta se desató. Su amigo solo sonrió. Antes de llegar al muelle la guardia costera contó y midió los peces, se despidieron de Pedro, y a su amigo dijeron, *<<Nos vemos el lunes capitán.>>*

En caminos de Cristo:

La Tempestad[65]

Cristo y sus discípulos suben a una barca y cruzan el mar de Tiberiades. Cristo, verdadero hombre, exhausto se acuesta en la barca y entra en un profundo sueño. La paz y la calma pronto se ha disipado con una tormenta que parece diluvio. Los cielos se cubren de negro y sopla ferozmente el viento, las aguas tiemblan y agitan la barca.

Algunos de los discípulos son pescadores de oficio y desde su juventud conocen el mar, aun así, no pueden hacer frente a la tempestad y se aferrarán con toda su fuerza intentando la tormenta librar. En medio de todo, el maestro sigue dormido. El mar está enfurecido, sus agitadas aguas ya no las contiene ni el mar y se alzan más allá de sus límites y cubren el interior de la barca.

Para los discípulos no hay opción de saltar y salvar sus vidas, pues a la costa no llegarán. Antes de que sus pies toquen la tierra, serán sumergidos y tragados por la tormenta y el mar. Los discípulos están aterrorizados de lo que piensan será su final. Se mueve y se zarandea la barca. Las olas y el mar siguen enfurecidos, y aun Cristo sigue dormido.

---

[65] (Mt 8:23-27) (Mc 4:35-5:43) (Lc. 8.22-25)

Pareciera que a Cristo nada le quita la tranquilidad, ni la marea, ni el frío, ni la tormenta, nada. Cree el discípulo que a Cristo no le importa si padece bajo el agua o las nubes y el viento se lo tragan, porque Él sigue dormido en vientre de la tempestad.

> De aferrarse a sus propias fuerzas y al no poder contra la tormenta, no queda más que despertar al maestro, al carpintero, quien no es marinero, suplicándole, << ¡Señor, sálvanos, que padecemos!>>

Los discípulos no ven en medio de la tormenta, como tampoco vieron fuera de ella cuando, Cristo encaminaba y subía a la barca enamorado de ellos. No vieron que se fue a dormir y despertó y su corazón aún latía por ellos. Más que todas las gotas de agua que hay en el mar, y todas las que sostienen las nubes cargadas, y más que los vientos y más que todas las barcas y que todo los sueños del mundo, es el amor de Cristo. Por amor se pone de pie, por amor con su voz calma el viento, por amor tranquiliza el mar, y por Él mismo, reina la paz.

> Cristo hace la pregunta, << ¿Por qué tienen miedo? ¿Acaso no tienen fe? >>

El discípulo admirado de que el maestro calma los vientos y el mar obedece su voz, no tiene más opción que responder a la pregunta con toda sinceridad.

<<O le creo, o no le creo, que es Él quien trabaja el polvo y sopla la vida, que es Él quien arrima al sol y quien asoma la luna, quien hace llover y quien dobla y sostiene el arcoíris del cielo.>>[66]

Si cree el discípulo, ¿Por qué temió del viento y del mar?, ¿Por qué temió al maestro despertar? ¿De Dios confió o de Dios dudó?

Meditaciones

Cristo no teme a las olas, ni al viento, ni a la tempestad. Los discípulos parecieran dudar al despertar al maestro, sin embargo, al maestro no le importa despertar. Claro que a Dios le importa el bienestar de los discípulos, pues Cristo al despertar hace la pregunta, ¿Dónde está su fe? En otras palabras, ¿Está en mí, o no está en mí?

En la vida, cuándo el mal tiempo se ha desatado surgen las preguntas, ¿Lo enfrentamos con nuestras propias fuerzas? ¿Creemos ser nosotros capitanes del barco o, confiamos en Dios?

---

[66] Gen 9:13

Cristo conoce bien el corazón del discípulo; Cristo conoce bien el corazón humano. Conoce de lo que es capaz, lo que le asusta y de lo que se esconde. La pregunta es, ¿Por qué esconder lo que espanta? ¿Porque esconder lo que parece tenebroso? Cristo puede, Cristo quiere calmar y tranquilizar como hace con el viento y con el mar. El que hace la prueba, no es defraudado.

Después de la crucifixión, los discípulos nuevamente sintieron el oleaje y cambio de la tempestad. El maestro nuevamente había dormido, otra vez sobre la madera, esta vez clavado y ultrajado a ella. Los discípulos nuevamente creyeron más en la tempestad que en el maestro. Creyeron más en lo que veían, que en aquel que tormenta calmó y mar arrulló. Como en la barca, creyeron que la muerte también vencería al maestro como parecía vencerlos la tempestad. El que calma el viento y tranquiliza el mar también vence a la muerte, pues ni el viento, ni el mar, ni la incertidumbre de la cruz, o la soledad de la tumba pueden contra Él.

La fe en Cristo calma el viento y da las fuerzas para navegar. Si la humanidad piensa solo en depender de las fuerzas ajenas contra todo viento, igual que el discípulo, rendida quedará.

Cuando se lucha y resiste, puede que surja miedo, más nunca hay que perder el ánimo, al contrario, bueno es perder el orgullo. Duda no hay de que el mal tiempo vendrá, más vale recordar que cuando se desate, al maestro se puede llamar. Y cuando Él te pregunte,

<< ¿**D**ónde está tu fe?>> Con sinceridad puedes contestar, <<Señor, en Ti está.>>[67]

Reflexiones

Hay momentos donde se alzan olas gigantes que parecieran derrumbar. Donde nuestra fragilidad se deja ver. ¿Qué nos queda cuando esto suceda? El orgullo no nos salvará, y nuestras fuerzas serán vanas. Tenemos dos opciones, dejar que las olas nos sumerjan, o llamar al capitán quien es Dios del tiempo y del destiempo. A Él pertenece toda creatura y todo corazón que ante la tempestad habite la frase, *<<Señor, sálvame que me hundo.>>*

Oración

No te escondo nada mi Dios. Yo solo no puedo con mi carga. Mira mis rodillas debilitadas y mis piernas temblorosas al ver la tormenta que cerca se encuentra ¿De dónde vendrá mi rescate, oh Dios?

---

[67] (Sal 84:6) (2 Cor 3:4-5) (1 Sam 2:9) (Jn 15:4-5)

Ya no puedo, ¿Cómo es que alguien puede cargar con este peso? Dios mío despertad te pido, mira lo que en la vida ha sucedido. ¡Hay Dios! Como duele el corazón, como nadie lo comprende. Quisiera de un jalón arrancármelo del pecho y que cesará de latir ¿Cómo se aguanta este amargo sentir? ¡Hay Dios! Calma tú el alma; tocad el corazón.

Dormido maestro, sueñas conmigo, y en el sueño me cuidas. Capitán que conoces el navegar, despierta que el cielo y el mar se han enfurecido contra mí. Despertad y muestra al mar el poder de Tus manos. Haced que el cielo y su trueno preste su oído y escuche que Tú le llamas. Antes de que el rayo haga camino del cielo a la tierra y el relámpago escupa su lumbre, abre Tus labios, calma la nube y con voz arrancá su fuego.

Cristo, del alma la paz, del corazón mi consuelo.

Nivel 8
Colgando de un Hilo

Valeria era católica. De chica le bautizaron y con anticipación, la primera comunión esperó, y después, olvidó su fe.

¡Despierta! ¡Abre tu tercer ojo! ¡Salta cuánticamente! Namaste. Estira y relájate, eran las palabras y consejos que de grande Valeria decidió escuchar. Los videos que miraba le decían,

> <<1, 2, 3...Ya estás hipnotizada. Vuelve a tu niñez y cambia tu forma de ver la vida. Si algo o alguien te lastimó, aprende a perdonar; aprende a tu amor entregar.>>

Eran huecas las palabras. No sabía cómo. Nadie le enseñaba. Nada consolaba su corazón.

Valeria quiso perdonar. Quiso abrir su tercer ojo. Quiso saltar cuánticamente. Se estiró y los huesos tronó, pero aún seguía dormida. Buscaba libros y el internet entero con motivo de dar con nuevas ideas y nuevos mensajes. Entre más buscaba, menos encontraba, y aún más confundida quedaba con el video y con el mensaje que hablaba de una y de mil cosas. Al borde de la vida estaba y todo colgaba de un hilo, no sabía si partir o si quedarse. Cerrando los ojos buscó razones para quedarse, nada le traía paz o consuelo, y nada le daba alegría ni ánimos de vivir.

El único recuerdo puro y sin mancha era cuando, de su rostro con su mano movió el velo, abrió su boca y el pan hecho carne por primera vez probo. Y cuando de la copa el vino transformado en sangre bebió. Era lo más puro en ella. Ella no sintió nada. Más supo que ahí la verdad se encontraba. No sabía cómo. La razón no lo explicaba. Más ella, supo que fue. Era real. Nadie le tuvo que decir. La razón así fue, y entonces sintió el despertar. << ¡*Cristo!*>> De repente gritó y los ojos abrió.

En caminos de Cristo:

La Mujer Hemorroisa[68]

Era ella una mujer que temía a Dios. Por ley, cuando era tocada, o a alguien tocaba, la gente se volvía impura y manchada. Tenía ella flujo de sangre que no le paraba. Visitó muchos médicos que le decían,

---

[68] (Mt 9: 20-22) (Mc 5:25-43) (Lc 8:43-56)

«Ven aquí y ve allá y la cura encontrarais.»

Y entonces ella iba a allí y también allá y la cura no encontró, y sin dinero se quedó. El pueblo la apartó y en una esquina la arrumbó. No importó con cuantas toallas ella cargara, nunca serían lo suficientes, nunca le quitarían lo impura y siempre sería manchada. Jamás viviría una vida normal. Sería juzgada por su pueblo, arrinconada como algo descartado y por el mundo vomitado.

Un día Cristo llegó hasta su lado. La gente que lo seguía se acercaba a Él de tal manera que lo apretaban, cerca del maestro querían estar ¿Y qué si lo apretaban? Él nada decía. Al contrario, por su gente se desvivía.

Vio la mujer que Cristo se acercaba y no le quiso tocar. No lo quiso manchar. No le quiso de su impureza llenar. Con su dedo solo acaricio el hilo del bordado manto de Cristo. Y eso bastó. Cristo la conoció.

«¿Quién me ha tocado?» Cristo preguntó, mirando a los ojos de la mujer ya sanada. La gente que le apretaba se preguntaba ¿Sería yo?

La mujer mirándolo, le confesó lo que sucedió. Con detalle le contó. De Él, ella se enamoró. Y Él, enamorado de ella quedó.

Meditaciones

Al igual que la mujer hemorroisa, a Valeria le decían los guías y maestros,

> <<Mira allá y mira acá y has de encontrar lo que necesitas.>> Entre más buscaba, entretejía una falsa ilusión y nada encontraba, más Dios le llamaba.

Curas sin sanar y maestros que solo sabían decir,

> <<Cierra los ojos, escucha el sonido del ventilador o los tronidos del refrigerador y medita. Olvídate de todo. Deja que tu mente se desprenda de tu cuerpo y se deslice por el viento. >>

¿Pero qué ganaba, paz interior? ¿Qué los pensamientos hicieran un alto? Sí, tal vez ¿Pero por qué se ha de querer que la mente se desprenda del cuerpo, o que la mente del pensamiento se deshaga? ¿Acaso no fuimos tú y yo formados de la materia de este mundo y en Cristo liberados? ¿Acaso Dios me formó apartado del cuerpo y de la mente? De ninguna manera.

Reflexiones

Cristo ama, como no amarle a Él. Él es pureza. Él es amor. Es más que el querer. En Él, no hay confusión, y el amor siempre conquista. El amor no hace rechazos. El amor no mecaniza, ni es vergonzoso. El amor no es imperfecto. El amor es victorioso. El amor, a todos sirve. El amor es enfocado. El amor es dedicado. El amor no es delicado. El amor es entregado. El amor no corrompe. Dios planta semillas, su amor, las hace brotar. El amor, pinta tu vida. Eres tú y soy yo, llenos de amor, gracias a Cristo, la fuente de todo amor.

Oración

Cuando yo aun razonamiento no tenía, fuiste Tú, Dios, quien en el vientre de mi madre escogió el hilo. Me tejiste como la abuela teje ropitas para el bebé que está ya en camino. Con una delicadeza y dedicación, Tú me formaste cimentando las bases de mis pies; tejiste las palmas de mi mano. Entonces siendo yo creación, y tejido de tal manera y con el amor de los amores, ¿Por qué hay maestros que invitan a despuntar de los nervios y los músculos de mi cuerpo que Tú, con profundo amor formaste? ¿De qué anhelo liberarme? Dios mío, Tú formaste la materia de mi cuerpo y la santificaste,

¿Por qué entonces he de buscar abandonarla? Contigo todo, sin Ti, ni el cielo prometido.

Nivel 9
Manos Manos que Tocan y Esparcen

Le pesaban las noches. Estrella caminaba bajo la luz de las lámparas que alumbraban la calle. Los carros pasaban y la veían caminar. De vez en vez un extraño carro se aproximaba y el chofer preguntaba, << *¿Cuánto cuesta la noche?* >>

Los precios nunca eran fijos, algunos días no alcanzaba para la leche, otros para el gas.

De chica fue lo único que conoció. Su madre al igual que ella, caminaba las calles de noche y transitaba las avenidas y paradas.

Estrella, igual que su madre, vivía en temor. ¿Que si una noche no pudiera llegar a casa? Detrás de las rejas ¿Quién prepararía el desayuno en casa? ¿Quién llevaría a al nene a la escuela? ¿Quién estaría si ella faltara?

Una noche Estrella noto que un carro paseaba por la calle ya varias veces, finalmente al pie de la calle que caminaba se estacionó. Siempre sospechaba que fuera un policía encubierto, pero en casa faltaba el sustento.

Con cautela camino hacia el carro. Con la mano saludo al conductor. Los vidrios eran polarizados y era difícil ver hacia dentro. El conductor bajó un poco el vidrio. Un hombre le saludó con una sonrisa sínica. Estrella conocía bien el cinismo. La mayoría de los choferes que la frecuentaban, eran mayormente casados. Le preguntó el hombre, << *¿Cuánto sale la noche?*>>. Estrella le dio la cantidad y el hombre le hizo señas para que al carro subiera.

Al subir al carro, Estrella metió las manos a su bolso y sintió el aerosol de pimienta. El hombre le preguntó algunas cosas que a ella le hicieron sentir algo incómoda. Mientras hablaba el hombre, Estrella sentía un asco y unas ganas inmensas de salir del carro. Le pidió de favor que la bajara en la próxima calle. El hombre no le hizo caso y se siguió adelante. Estrella nuevamente pidió que la bajara del carro. Él, nuevamente no hizo caso. El chofer dio la vuelta. El carro entró en un callejón obscuro y sin tránsito. Estrella pensó en lo peor. Trató de jalar la manilla para abrir la puerta, pero no la encontró. El hombre la tomó del brazo y la jaló con feroz fuerza que ella sintió que el brazo entero se le zafaba de las coyunturas. El aerosol de pimienta había caído al suelo junto con su bolso. El hombre luego la jaló del cabello y ella le clavo las uñas en la cara tratando de zafarse. Entre más trataba de quitarle las manos de encima, más se daba cuenta de que con él, no podría.

Finalmente, de pelearle Estrella agotó sus fuerzas. Se resignó y se dio por vencida. Dejó que sucediera, lo que tendría que suceder. En silencio pensó en su hijo y pensó en su madre. Cerró los ojos. Al abrirlos, vio luces de rojo y azul, y una sirena chillaba.

En caminos de Cristo:

La Mujer Adúltera[69]

Cristo enseña al pueblo cuál se ha olvidado del prójimo. Los dirigentes del pueblo por su cuenta, a Dios hacían a un lado y no cumplían, ni dejaban al pueblo cumplir con la ley.

Ya por ese tiempo se planeaba darle muerte a Cristo. Los que lo odiaban habían salido a colocarle trampas. Le trajeron a una mujer que había sido sorprendida en adulterio, y temblando de miedo la arrastraron hasta los pies de Cristo. Sínicamente y sin querer dar solución o comprender instrucción, los maestros de la ley y los fariseos a Cristo le llamaron, <<*Maestro*>> le preguntaron qué debían hacer con la mujer adúltera.

Del dictamen que dice, <<*Ojo por ojo y diente por diente.*>> Ellos ya habían sacado una conclusión, y en sus corazones pesaba la muerte como pesaba la piedra en sus manos.

---

[69] Jn 8:1-11

Cristo conoce las intenciones de toda persona. Le habían traído a una mujer para darle muerte por su pecado. El que odia a Cristo pensó,

> <<Si Él contradice el acto de apedrear a la mujer, contradice la ley, y entonces el pueblo ya no creerá en sus palabras.>>

Pensaron ellos,

> <<Si Cristo aprueba el apedrearla, entonces no practica la misericordia que hay en sus palabras, y es un falso.>>

Ellos ignoraban que el hombre frente a ellos era Dios, quien conoce el corazón del hombre. Dios, se inclina para escribir en el suelo como cuando siglos atrás escribía en las paredes de un palacio, <<*MENÉ, MENÉ, TEKEL Y PARSÍN.*>>[70]. Y kilo por kilo y gramo por gramo peso en la pesa ese día fue esparcido.

> <<De Él es la balanza y los platillos justos, todas las pesas del saco son obra suya.>>[71]

---

[70] Dn 5:1-31
[71] Pr 16:11

La justicia sostiene la balanza y Dios lee el dictamen. Él tiene el poder sobre todas las cosas persona y nación.

<<Esta lista ya la navaja que corta el pelo y la barba, >>[72] cuál desnuda la cabeza y rasura la quijada, y la verdad es revelada.

El pueblo no camino según la ley, y sus dirigentes mataban con la espada: al indefenso le arrancaban la vida y las piedras le amontonaban.

Cuando la mano de Cristo ha terminado de escribir y la balanza de pesar, Cristo invita al que no conozca pecado que arroje la primera piedra. Cristo, no conociendo pecado, piedra no arrojó y tampoco juzgó lo que estaba en la balanza. Al verse pesados uno por uno, primero el viejo y luego el joven, fueron huyendo.

Todos, incluyendo el más joven y el viejo merecían morir en sus plazas apedreados por el pueblo[73]. Y el pueblo merecía ser apedreado por El Justo Juez[74]. El Justo Juez, en cambio, a nadie apedreó. Él, tomó toda la culpa que fue balanceada ese dia y la agregó a la cruz.[75]

Después mirando a la mujer preguntó,

---

[72] Jr 48:37
[73] Dn 13:60-62
[74] Ef 2:1-3
[75] (2 Co 5:21) (1 Pe 2:24)

«Los que te acusan, ¿Dónde están?»

Al ver que se había marchado el peligro, ella lo miró con amor, y reconoció la voz del Buen Pastor que le dijo.

«Tampoco te acuso yo. Anda, ve y no te vuelvas a extraviar.»

Ese día el pueblo escuchó la ley y la comprendió, pues la vio cumplida a través de la gracia.

A Cristo el tiempo y el espacio le pertenecen. Cinco siglos antes, frente al antiguo rey de Babilonia, y Cinco siglos después, frente a los maestros de la ley y los fariseos, está la mano que deshace y desmenuza la fábrica de todo. Frente al rey y sus invitados en la sala del palacio, y frente al pueblo de Israel y sus dirigentes, la mano escribe un dictamen que fue cierto en todo tiempo. Es en el espejo del alma que pronto volverá a escribir. Cristo es el justo juez, antes, y también lo es después.

Meditaciones

Manos divinas que moldearon el barro y dieron la vida.

> Oh manos benditas que tomaron el marro, martillo, madero, cincel, y trabajaron.
>
> Oh manos bellas que calmaron tormentas y el viento acariciaron.
>
> Oh lindas manos que dieron luz a los ojos, fuerzas a las piernas, y palabras a la lengua.
>
> Oh manos, que sostuvieron la cruz y la arrastraron. Oh manos que clavar se dejaron.
>
> Manos oh manos, que tocan el alma que tientan el corazón que transforman la vida del ser humano.

La mano que escribe en las paredes, en el suelo y en las tablas de la ley, también escribe en el aire una nueva alianza con su pueblo cuál antigua fue.[76] Y la afirmó una vez y para siempre. Ella fue verdadera, para que todos por los siglos de los siglos la conozcan y no se olviden del amor que habita en el cielo y no falta en la tierra.

Los hombres al ver las manos que escribieron en el suelo y al verlas clavadas, reconocieron la alianza en sangre y en carne, y este acto de amor de las manos clavadas

---

[76] Jn 6:31-32

llamaron acción de la gracia[77]. El mundo griego la vio y participo de ella, la tradujo, y la llamó Eucaristía. Los santos y las santas, los viejos y los niños, participaron de ella. Y esta alianza a la iglesia dio vida. [78]

Vieron los ángeles las divinas manos de Dios al momento de la creación angelical y las alabaron. Incalculable era el amor de Dios hacia ellos, quien los hizo, quien de la nada los creó. Les dio sabiduría y conocimientos vastos y profundos. Les dio jerarquías en los cielos y los rodeó de toda luz. Entonces ellos conocieron la bella locura de la cruz, no sabiendo que también fue locura la creación angelical. Más el tercio de ellos no quiso a un Dios que colgara de un madero y perversos ellos fueron. No aceptaron a un Dios que amara sin igual a la humanidad. Dios, el ser más grande, ¿Cómo es que pequeño se haría? ¿Cómo es que clavarse se dejaría? Y no entendieron que el amor se da a toda creatura, no importa la pequeñez.[79]

Conocieron los hombres la divinidad de Dios y le alabaron. Sí, inimaginable era el amor de Dios hacia la humanidad que del barro los formó, de la nada los creó. Les dio sabiduría y conocimientos vastos y profundos. Les dio una iglesia; les entrego a su Santo Espíritu. Entonces ellos conocieron la Eucaristía, así Dios lo quería. A los ángeles se reveló y también a la humanidad,

---

[77] (Lc 22:19-20) (Mt 26:26-29) (Mc 14:22-24) (1 Co 10:15-22;11:23-29)
[78] Jn 6:32-40
[79] (Mt 19:13-15)(Mc 10:13-16)

y en medio de ella, el pan del cielo bajó, y Cristo con ellos quedó.

Única fue la locura al crear al ser angelical y la humanidad para compartir la alegría del amor. Mas fue un tercio de la humanidad que no quiso a un Dios que pan fuera. No aceptaron a un Dios cuál amara a la humanidad en la vida y en la muerte.[80] ¿Dios el ser más grande cómo es que pequeño sería?[81] Y no entendieron que el amor se da a toda creatura no importa su pequeñez. Olvidaron que Dios, lo que Él quiera Él puede hacer. ¿Acaso no fue la presencia de Dios en un tabernáculo; en una arca cuál fue alianza al salir de Egipto?[82] Y dentro del arca de la alianza, ¿Acaso no hubo el pan del cielo que dio a comer a los Israelitas junto con el bastón y las tablas que guiaban al rebaño?[83] Entonces Cristo fue, es, y no deja de ser, pan que del cielo baja y a su pueblo el hambre le sacia, pastor que guía, y en el corazón la ley escribe y le da la santa gracia. Una alianza hizo, y fue y no deja de ser, Cristo a todo dio cumplimiento y la vieja alianza fue nueva en Él.

Dios reveló a su pueblo la verdad y se hizo presente en medio ellos. El que se decía sabio quería formular argumento en contra de Dios aborreciendo las obras de sus manos. El que no pretendía ser sabio escuchó y entendiendo lo sucedido, unió sus sacrificios a la acción

---

[80] Jn 6:60-66
[81] Jn 6:47-56
[82] Ex 25:8
[83] (Heb 9:3-4) (Ex 16:31-35)

de la gracia. Como el niño cuál la madre permite agregar el azúcar para el pastel, así Dios permitió a la humanidad arrojar como el azúcar, nuestros sacrificios a su plan perfecto. En cambio, de arrojar las piedras hacia el prójimo por sus faltas, días ya no fueron.

Consejo

¿Cuánto ha cambiado la actitud del pueblo? ¿Aún juzga sin ver razón y apunta sin tocarse el corazón?

Tú en cambio, has escuchado las palabras de Cristo. Recuerda, cuando te apunten, no apuntes, puede ser que más te apunten a ti.[84] Sé justó y sigue las reglas rectas de la ley escritas en el corazón humano, inscriptas por el dedo divino. Escucha el dictamen de justicia cuál no hace doblar.

Es fácil tirar piedras, es difícil reparar lo que causan. Cuando lanzas una piedra contra tu hermano y a medio aire gritas «*¡Cuidado!*» no quita el habérsela tirado.

---

[84] (Rm 2:1)

Reflexiones

Cuando contra el hermano su intimidad traspasamos, ¿Somos lobos? Cuando ayudamos, cuando tendemos la mano, ¿Somos como el buen pastor? La pregunta es para ti. Cuando la mano das, ¿Después muestras los dientes y sacas las garras, o se te notan los agujeros de los clavos traspasados en las manos?

Amada Mía

Escucha la palabra de Yahvé,

Pueblo mío, escucha y presta atención. El amor que Yo doy es eterno y lo muestro en verdad para que lo veas y lo vivas. Necio no seas. No endurezcas el corazón. Las palabras que te doy te liberan[85], no prefieras la mentira de la esclavitud como en los días de tus antepasados en tierras de faraón.[86] Llámame y te responderé; búscame y me encontrarás. Pueblo mío; amado mío. Demasiado te amo oh Judá. Mira cuanto es por ti Mi amor Israel. Escucha Mis palabras oh Sion.[87]

---

[85] Ga 4:21-31
[86] Jn 8:33-36
[87] Jr 33:2-10

Mía Querida

También tú que rezas y adoras, postras tu rostro en suelo y calculas la posición de la luna y ayunas, mira hacia a tu Dios, Él, uno es. Escucha Mis palabras como yo escucho las tuyas cuando me hablas. Te amo a ti que te purificas con agua. Te amo. Ahora déjate enamorar. Deja acaricie, toque, y lave también tu alma. Tú que sigues las reglas de la dieta y te abstienes de lo impuro que entra a la boca, déjame que también purifique lo que sale de ella.[88]

Tú que guardas el año, el mes, y me lo ofreces en sacrificio, ¿De quién lo aprendiste y quien te enseñó, acaso no Yo? Pues yo no dije,

<<Sacrificios denme sin sacrificios yo dar.>>[89] Yo, Dios, así no soy.

Sacrificio conozco, no porque me lo diste tú primero, sino porque primero te lo entregue Yo. Entiende, eres mía. Yo no trueno los dedos y algo se hace, Yo no Soy impaciente y nada mío es apurado.

Tú dirás,

<<Tú eres Dios y no son necesarios tus sacrificios, eres el ser más

---

[88] Mt 15:11
[89] Ro 11:33-35

> poderoso del universo. Tú soplas y se desbordan los mares. Tú golpeas los cielos y caen las estrellas.>>

Razón tienes, Soy Yo, no necesito ser alabado, no necesito tus sacrificios, ser tu Dios ¿En qué me engrandece? Más Yo Soy. No creas pues que Soy Yo,

> <<Una cisterna agrietada que no retiene el agua. Soy Yo el manantial.>>[90]

De Mis oídos para escuchar tus gemidos, Mis pies y Mis manos para obrar en tu vida no faltan, como de ellos tampoco esta falta la cruz.

Mi viento ha de soplar y Mi golpe se ha de sentir. Tu alabanza me es grata, tus pequeños sacrificios por amor, a los míos son agregados y en gracia multiplicados. Yo, tu Dios, escucho y miró tu pequeñez. Sí, te amo, y de tal manera que todo lo doy. Mis obras muertas no son, en cambio son ellas más vivas que nada porque desechas de toda muerte y mentiras ellas son. Mira pues que en el sacrificio de amor de ti y por ti ahuyenté la muerte y disipé la mentira.

Celestial Soy y al ser angelical hice. Hice corazones de carne porque corazón tengo, Yo sé cómo late, Yo sé lo que tiene y como trabaja.

---

[90] Jer 2:13

>> ¿**A**caso no Soy Yo el más cerca que tu yugular?>>[91]

Si lo dudas solo llámame y me escucharás. Cerca te siento, más cerca de lo que crees estoy. Miro tus pasos, y miro tus obras. Mi gracia es tuya, si tú la quieres y la prefieres. Mi gracia es mucha y es abundante; Mis misterios son vastos y ellos se expanden. Mis conocimientos eternos son para ti que buscas sabiduría, sabiduría tuya será gracias al sacrificio que está por encima de todo sacrificio. Toda justicia viene de mí, ella no es venganza, ella es misericordia, ella muerte no es, ella dicta sentencia de vida y tuya es. Si tú quieres algo de mí, todo te doy, pues ¿Qué reservo para mí que no sea también para ti? Hijo mío, Yo, tu Dios te lo entregó todo; tomadlo todo. Ama la cruz, toma su peso y los pasos tuyos únelos a los Míos, a Mi sacrificio teje tus sacrificios, y conmigo ama. Y ama mucho. Y a todos ama. Y no dejes de amar.

---

[91] Coran 50:16

Nivel 10
Amor

Amor aún era pequeña cuando su mamá falleció. Su papá la cuido y la amó mucho, como mejor supo y como mejor pudo, no era fácil. Su padre dio a la niña lo que necesitaba, pero Amor estaba acostumbrada al cariño de madre, cariño del cual solo mamá sabía dar. Nadie sabía cómo mamá abrazar para disipar los miedos. Y como su madre... solo su madre sabía consolar.

Amor cumplió los quince y sé fue de casa. Quedó con algunos amigos, y luego llegó a la calle. Durmió en banquetas. Se encontró con otros que al igual que ella no tenían casa, no se resistió a la heroína y de ella pronto gustó.

Un día unos planearon el robó de una tienda de licores e invitaron a Amor. Ella vio el plan, y le gustó. No tenían nada que perder, y planearon otro. Amor tenía un talento, era arriesgada. Robaba lo que veía, gustaba de las pequeñas cosas y las grandes le encantaban.

Pronto, planearon asaltar el banco. Amor sería la guardia y la conductora. Le tocaría quedarse afuera viendo que nada levantara sospechas.

El martes por la mañana, por las puertas del banco cruzaron unos enmascarados. Amor por su parte se dirigió al lugar donde había planeado estacionar el carro. Al llegar, se dio cuenta de que el espacio estaba ocupado. Cautelosamente se acercó al carro que ocupaba el lugar para ver si alguien había dentro. Dos pequeñitos estaban amarrados en el asiento trasero. Enfrente yacía el cuerpo sin vida de una mujer con una jeringa enterrada en la pierna ahogada en su propio vomito.

Amor se olvidó de todo en ese momento. Forzó la puerta del carro para sacar a los bebitos, pero estaba cerrada. Arrojó una piedra por la ventana, quitó el seguro y abrió la puerta. Cargó a uno y después al otro. Lloró con ellos. En ellos se vio reflejada. En el suspiro escuchó a su madre, en el llanto recordó a su padre.

Las patrullas se escuchaban a lo lejos. Habían capturado a los asaltantes. Tomando a los niños consigo caminó hacia donde estaba la policía. Les contó lo sucedido, y cuando la policía le preguntó, << *¿Qué hacías por aquí?*>> Ella contestó. <<*Solo vine a robar un banco.* >>

En caminos de Cristo:

El Hijo Pródigo[92]

Un día, unos escuchan hablar a Cristo del perdón, sobre un papá y su hijo. Aún no muere el papá y el imprudente hijo va y le pide la herencia. Hasta la muerte lo ama su papá, que se la da. Y el hijo no queriendo compartir nada ni rendir ni una cuenta, se va lejos de casa con toda la herencia que recibió.

El hijo va y malgasta el dinero, como el hombre que nunca se lo ganó, como aquel que no conoce de la frente el sudor. Su ambición y libertinaje lo llevan a la ruina y hasta el lugar más bajo que él conoce, y entre el fango como la flor que pierde color, llega hasta un establo de cerdos y cuida de ellos. Después de un tiempo mira sucios sus pies y sus manos, y se da cuenta de que la escoria lo cubre no solo de pies y de manos.

Siente la pansa vacía y le truenan las tripas. Mira la comida de los cerdos y la desea, más ella no es digerible para el humano ni para el ganado. Y aunque no sea digerible, y se le haga agua la boca, no hay alma que se le arrime y le diga,

---

[92] Lc 15:11-32

<<Ten, come esta comida de cerdo.
Calma tu hambre; llena tus tripas.
Anda, no la dejes sin probar.>>

No, nadie se la ofrece, y se da cuenta de que un cerdo, come más rico que él. En cambio, los sirvientes en casa de su padre no comen comida de cerdos ni del grano para el ganado; en la casa del padre almuerzan y cenan y el pan lo tienen de sobra. Dándose cuenta de su error desea volver a casa de su padre. Lo quiere mucho y lo desea más que nada. Desea verle y pedirle perdón, y aun lado arroja su orgullo. Decide que, si su padre le da el perdón, se pondrá a su servicio como un simple sirviente. Por el pecado reconoce que, por su padre, no merece ser llamado hijo porque, a Dios y a su casa ha traído deshonra.

De lo más profundo, el joven saca palabras para que conozca su padre de su arrepentimiento. Dios inspira su corazón quebrantado, humillado. Confía que su padre lo escuchará. Tiene por papá a un buen hombre, que comprende y muestra atención. Él, es un padre que perdona y no reserva el amor como tampoco reserva la herencia.

De rumbo a casa y de lejos, el padre lo vio primero; de su padre, el amor fue siempre sincero y siempre primero. Le vio sus pies, midió su paso, era su hijo. Lo reconoció, aunque estuviera cambiado y faltara de ropa y calzado. Corrió el padre a su encuentro como el que corre sin aliento. Al tener a su hijo cerca, de su cuello echo sus brazos y a su hijo lloró y no le soltó el abrazo. El hijo lloró y menos quiso soltarle.

Le amó el padre. Amó el corazón y amó sus palabras. El hijo amó todo de él. De su padre, el hijo quedo enamorado.

<<Tráiganle comida y bebida, que sea de la mejor.>>

Ordenó el padre,

<<Porque uno que estaba perdido, uno por quien mi amor es hasta la muerte, a los brazos de su padre llegó.>>

Y el padre un anillo le puso en el dedo, su hijo no le serviría como sirviente. El hijo le serviría a su padre como papá, más nunca como patrón, su padre no lo permitiría. Y mandó que trajeran las vestiduras más finas, de su cosecha lo más rico le dio; lo mejor que tenía, por hijo, lo merecía.

Adentro de la casa ya se escuchaba la música y el gran festejo. La alegría no se podía contener. Llegaba pues el hermano mayor después de haber estado en el campo, y desconcertado por lo que miraba y escuchaba preguntó a uno de los sirvientes que significaba la música y el festejo.

> <<Tu hermano ha regresado a casa,>> Dicele el sirviente, <<y tu padre ha mandado a matar el Cabrito engordado.>>

Arrebatado por los celos y el enojo no quiso entrar. Al enterarse su padre de que su hijo mayor no es parte del festejo sale para convencerlo de que entre y tome el lugar en la fiesta, pero él se reúsa.

> << ¿Cómo es posible que a ese que llamas hijo después de que ha gastado tu dinero con prostitutas, y pisoteado tu nombre aún le haces fiesta matando y preparándole al Ternero engordado?>>

El padre escuchándolo y amándolo profundamente le recuerda al hijo que, de igual manera, todo lo que él tiene también es de él.

> <<La fiesta es necesaria porque mi hijo que muerto estaba y de vida faltaba, le fue dada en abundancia, estaba perdido como una oveja extraviada más fue por su pastor encontrada.>>

Pueblo Escogido, el Tiempo es Ya

El hijo mayor no quiso entrar. Prefirió el rencor, prefirió el odio que perdonar, que abrazar, que compartir. Tuvo hijos el hermano mayor, tuvo descendencia y algunos de sus hijos entraron a la fiesta y celebraron con el hijo perdido y con el padre. El tiempo es ya para que el hijo mayor entre y tome su asiento a la mesa.

Escucha tú que tienes oídos. A ti, Dios te habla pueblo escogido, como el hijo menor entro y reconoció su error y una fiesta en honor se celebró, ahora te esperamos a ti. Oh Judá no hagas oídos sordos. Oh Israel escucha que tu Dios te está llamando.

>«Hijo mío,» te dice, «a la fiesta ya es tiempo de entrar. Toma el vestido de festividad y alégrate. Los invitados están a la mesa y a ti te esperan, oh hijo querido, Mi pueblo escogido. Fue ya el Cabrito sacrificado y derramada su sangre y a la mesa está ya servido. Entrad y comed de su carne y de la copa bebed que ya fue el vino de vuestra viña exprimido.»

Afuera no queda nada, adentro esta la herencia, adentro esta tu familia, adentro esta tu padre.

La puerta grande se abrió en tu honor, no hay necesidad de entrar por la puerta trasera ¿Acaso un hijo del padre entra por la puerta de los sirvientes? No Judá, tú entrarás por la puerta principal, heredad tuya es Israel, y por tanto, también la casa es.

Meditaciones

Como ningún otro es el amor del padre, aún no llega el hijo al encuentro de su papá cuando él, ya se lanzó a su cuello y lo besa. Ni en brazos ni en su casa le echa en cara cuanto gasta, ni como se lo gastó. La mirada del padre es el reflejo del perdón, que mira la necesidad en su hijo, mira sus ropas y sus pies descalzos y se compadece de él.

Cristo se compadece. A su pueblo desnudo da la ropa, a su pueblo hambriento da de comer. Da agua a un pueblo sediento de vida y de fe. Da la vida por él.

La Verdad que anunciaron los profetas fue real en su pueblo. Pero el pueblo no la reconoció. Fue Cristo del linaje del pueblo escogido.[93] De Adán a Noé a Abram, de a Abram a Moisés, de Moisés a su pueblo. De un pueblo era Cristo. Del pueblo de David, donde Dios revela toda Verdad. Pero el pueblo no reconoció la Verdad y como no pudo moldearla, la descarto y la clavo

---

[93] Mt 1:1-17

a un madero disfrazándola culpable de algo, pero al no hallar mancha en ella, el letrero a la cruz clavado portaba la Verdad. [94]

Era verdadera la corona de espinas[95], Él es el rey. Eran verdaderos los clavos, Él es el Cordero por su pueblo sacrificado.[96] Es verdadera su mirada, Él dio vista a los ciegos. Verdadero es su perdón, todo Él perdonó, Verdad es todo lo que de la cruz colgaba, y la Verdad venció a toda mentira. El que vio la Verdad y la conoció, aquel día leía un letrero y reconocía que solo había una Verdad, solo un camino cuál lleva a la vida. Y Cristo es el camino, la verdad y la vida. Cristo, el clavado ese día es de reyes el Rey, y su reino es el de Dios. Y Cristo tiene castillo trono y corona. Y sus palacios se adornan entre las nubes y el sol.[97]

Del pueblo de Israel nació el Mesías. De ahí nació el Cristo cuando en los cielos ya era Él[98] y también el Padre lo era y lo es. Cristo es hijo, quien dio la herencia a todo hombre y a toda mujer que en Él pone la fe. Por herencia somos hijos e hijas del su Padre. El Padre, descalzos ve nuestros pies y nos mide el paso, corre a nuestro encuentro y nos toma en brazos y permite en Él el descanso, y ya no somos siervos o sirvientes y menos esclavos, porque de toda mentira nos liberó y venció al

---

[94] Jn 19:19
[95] Mt 27:29
[96] (1 Cor 5:7) (Jn 1:29) (Is 53:7) (Ex 12:50)
[97] Jn 18:36
[98] Jn 8:58

pecado, y a él, ya no somos encadenados.[99] A la voluntad del Padre en Cristo nos sometemos, por Él y por nuestros hermanos vamos como Él, en vida sacrificando y por fe, la cruz cargando. Nos da el Padre por herencia de Cristo, todo su amor y lo mejor de la cosecha. Somos pues hijos y herederos de todas sus riquezas.[100]

Reflexiones

Infinito es el amor de Dios. <<*Pidan, y se os dará,*>>[101] nos dice Cristo. Pedimos, y cuando recibimos, como el hijo pródigo tenemos la tendencia de olvidar quien nos lo dio. Vale un momento de mala racha para acordarnos que Dios está siempre con nosotros, e igual que el padre vio venir al hijo, Dios nos ve venir. Sabe bien de qué estamos necesitados, pues antes de que las palabras conozcan sonido, Dios escuchó ya el corazón.

Cuando sientas lo que siente el hijo, reconocerás tu debilidad y carencia. Necesitamos del amor de Dios, aunque dignos no seamos. La verdad es que no lo somos. Como el hijo pródigo, dignos no somos de que el padre nos tome en brazos y perdone con su puro

---

[99] Jn 8:35-36
[100] (Rm 8:17) (Gal 4:1-8)
[101] (Lc 11:9-13) (Mt 7:7-11) (Sant 1:5-8)

amor, pero lo hace, porque Cristo nos hizo hermanos y hermanas y Del Padre, hijos e hijas.

Te recuerdo que Dios nos amó hasta la muerte, que hasta el último aliento de vida nos dio para que la tengamos en abundancia.[102] Cuando necesidad en verdad tengas de vivir, recuerda que Dios lo quiso primero, y te espera.

La misericordia puede más que el mal, la cruz lo atestigua. El amor y compasión nos recuerdan que tenemos un corazón de carne y no de piedra que late y se extrémese. Siéntete libre de tomar este tiempo de reflexión. El hijo solo puede llegar al padre después de analizar profundamente la vida. Nunca pensó estar en un establo de cerdos, él, vestía fino. Y menos gustar del alimento del cual se embutían los cerdos, en casa comía delicioso. Solo después de ser sincero, en su corazón puede ver que ha sido injusto con su papá, y con Dios. Y llora y expone el corazón; cuenta se da de su error.

El alma permite los actos de amor. El joven ha descubierto el temor de Dios.

---

[102] Jn 3:16

Reflexiones

Piensa en el padre. Cuesta pensar que a un hijo le importe más la herencia que su papá. Como también es difícil pensar que no le importa al hijo que su papá esté aún vivo y que le dé lo mismo su muerte. No le importa el dolor del padre. No le importa dejarlo en su vejes. No le importa el padre. El padre en cambio, sabe perdonar, esperar, y amar. No busca que el hijo lo ame, él lo ama más. No busca ser comprendido, él mira al joven y lo comprende, lo escucha; Él, le da su lugar.

Perdonar nos hace libres, es difícil cuando alguien nos ha herido, cuando viola nuestra confianza. ¿Cómo perdonaremos las ofensas? Recuerda que el padre perdona al hijo. Recuerda que, como el hijo, la persona que te ofendió piensa que no merece el perdón. E igual que el hijo pródigo, puede que la persona que ofende este atascado de escoria hasta el cuello. Invitado eres a dar misericordia al que no conoce el amor, tú sí, tú eres instrumento de amor. Cuando dudes, recuerda que puedes perdonar, Dios te capacita. Aun si alguien te hace menos por tu facilidad de perdonar, recuerda que rompes cadenas al hacerlo, mientras que el que no, esclavo del odio se convierte.

Oración

¿Soy yo el hijo pródigo? Dios Tú conoces mis manos y mis pies. El lunar que nunca verá el sol, sabes como es. Conoces mis miedos y lo que me hace feliz. No desconoces cuando me dejo amar y cuando el corazón piedra es, cuando muestro amor y ternura, y cuando permito que el odio nuble mi razón.

Dios, aunque busque hoyo profundo donde nada luz alcanza, me esconda y luego me tape, Tu amor me alcanza y me descubre. Puedo agotar toda dulzura, ternura, y compasión; más, si Tú dejas entonces yo seré como la abeja y Tú como la flor que obsequia su miel. Y Tus manos serán como las de la madre que acarician al nene la piel. Y cuando el mal como el lodo se seque y agriete la piel, me cubra entero de cabeza a los pies, con el agua de la vida, si así Tú quieres, lava y purifica, y a mi alma da de beber.

Llámame, Señor cuando de mi tierra, de mi padre y madre lejos me encuentre. Sé Tú mi refugio y sé Tú mi amparo. Cuando mi hermano busque mi rostro para cachetearme, si Tú lo permites, déjame imaginarme que soy yo quien se acuesta en la cruz, y que mis manos son traspasadas y al madero clavadas. Déjame amar a mi hermano falto de amor y déjame verlo a los ojos sin sentir ningún rencor. En mi corazón déjame grabar su rostro, para que, en la hora de mi muerte, más allá de Tu rostro Señor, vea también al que un día me hizo daño, y cuando despierte, si Tú quieres en Tu gloria, sé Tú a mi derecha y mi hermano a mi lado, permíteme en una eternidad amarlo.

Nivel 11
Por Edgar la Intención

En la universidad Edgar siguió las enseñanzas de un gurú que se hacía llamar Tazhaguru. El gurú tenía una barba larga y blanca y cuando se sentaba cruzaba las piernas y hablaba suavemente escogiendo cuidadosamente sus palabras. Juntando sus manos en señal de paz predicaba acerca de la iluminación de la mente, juntaba palabras sin sentido y les daba una vana ilusión de antigua sabiduría. Cuando la gente lo escuchaba hablar quedaban boquiabiertos, porque adornaba sus palabras, aunque formulaba mensajes sin sentido.

Edgar quiso creer en algo, conocer la verdad. Sintió que Tazhaguru daba sentido a algunas cosas. Edgar gustó de la iluminación de la mente y la búsqueda de la verdad. Se hizo amigo de la meditación y buscó paz en su interior.

Un día vio como Tazhaguru insultaba a uno de los alumnos, le gritaba y después de la sesión, lo acabó por jalonear. Al incidente nadie hizo caso.

<<Tazhaguru seguro usaba fuerza de derecho con autoridad de maestro,>> pensaron los alumnos incluyendo Edgar.

Un día que Edgar se dirigía a una sesión privada con Tazhaguru, vio salir a una chica llamada Luna de la oficina del maestro con lágrimas en los ojos y sus ropas rasgadas. Edgar no la volvió a ver por la comunidad. Un jueves después de clases y de regreso a casa, se encontró con el conocido rostro de Luna que caminaba por su calle. Desconcertado por su ausencia en las sesiones de Tazhaguru, Edgar le preguntó si falta halló en las enseñanzas del gurú. Ella le dijo sin ningún tapón que Tazhaguru era un depredador sexual, y que no le costó mucho pensar que este no era el maestro que quería seguir. Verdaderas eran las palabras de Luna, resulto que ella no era la única a la cual el gurú había intentado violar.

Edgar se sintió culpable, pues su convicción acerca de las enseñanzas de Tazhaguru eran tal, que a más de una muchacha había invitado a las sesiones, y más de una se había hecho alumna del gurú en la búsqueda de la verdad.

Pronto se descubrió que Tazhaguru no seguía sus propias enseñanzas. Bastantes fueron las acusaciones que cuando fue detenido las evidencias no mentían. Fue detenido. Pago la fianza. El día de su corte no se hizo presente. Lo buscaron las autoridades, se había fugado de la ley. Resultó que era buscado en varios estados y más de un país demandaba su arresto. Los nombres que usaba el gurú eran diferentes, las enseñanzas para lucrar y atraer a sus víctimas eran las mismas.

Edgar se quedó sin maestro. Conocía a unos budistas y pensó que tal vez sería budista. Se propuso conocer la verdad, mas no quiso ser engañado. Tendría la verdad que poder contestar sus preguntas y además de buenas enseñanzas el maestro tendría que seguir lo que predicaba. Estaba seguro de que la verdad no predicaba guerra, tampoco maldad, y junto con la realidad, transcendía mucho más. La verdad no comprometía con la falsedad, y sus fines y comienzos no coqueteaban con la mentira, aunque sus fines fueran buenos, mentira siempre serían. Buscó religión y maestro, buscó doctrina y escudriño enseñanzas.

Cansado de la búsqueda, una tarde llegó a una misa, llegó temprano y sentado en la banca se puso a pensar. Quiso ver si de chico le habían enseñado la verdad. Edgar a Cristo poco conocía. De niño sus padres pocas veces habían asistido a la misa. Le gustaban mucho los mosaicos y ventanas multicolores, eran hermosas, pero la misa le aburría.

Alzando la mirada y admirando el templo, recordó un domingo de misa cuando de chico sus padres aún se hablaban.

Recordó sus ropas, el vestido azul de mamá, y los zapatos pulidos de papá.

Recordó la banca donde se sentaron. Se acordó como el sacerdote vestido de rojo bañaba en agua las ramas de palma que detenían sus manos, y al sacudirlas al aire el agua entre la gente como lluvia caía. Cuando el sacerdote llegó a la fila de enfrente, ahogo las palmas en el agua, alzándolas las sacudió al aire y hacia la gente, y la gente quedo empapada. Cuando el sacerdote llegó a su fila con risa el pequeño Edgar dio bienvenida al chorro de agua que le mojaba.

Ese domingo de su niñez, el sol caía perfectamente a través de los vidrios multicolores. Los colores de las ventanas llenaban el templo. Entre bellos morados y azules el sol caía y de ellos se tapizaban las bancas y alumbraban los cabellos y las ropas al sol. La luz de las velas bailaba. Jamás, nada más bello vio. Su madre sentada en la banca torcía y doblaba una tira de palma, entre sus dedos daba forma a una cruz.

Poco después sus padres se separaron y su madre fue la única que fue a misa. Su madre culpaba a su padre de infidelidad. Su padre culpaba a su madre que nunca lo hizo feliz. Fueron una familia así. La vida fue interesante. Había dos navidades, dos

> cumpleaños, dos de cada cosa. Edgar se
> enfocó en los estudios y su familia, de él,
> estuvo orgullosa.

Se pasó el tiempo pensando y recordando. Edgar no prestó atención a la misa ni como fue, que pasó, o que se dijo.

Un mes después de asistir al templo budista a orar en silencio decidió que no era para él. Gustaba el silencio, pero no todo el tiempo, además, no encontró la verdad, solo una continua búsqueda de ella. Estuvo cansado de ir buscando y sintió que tal vez todo significaba nada, y nada realmente valía la pena.

Como no encontró la verdad, entonces pensó no había propósito. Y entonces,

<<El propósito de vivir>>,

dijo,

<<Es una farsa.>>

Exhausto de todo y sin decir nada solo pensó

<< Dios, si existes, aquí estoy.>>

En caminos de Cristo:

El Impuesto[103]

Un Día unos que negaron la Verdad vieron la oportunidad de tenderle una trampa a Cristo y le preguntaron,

> << ¿Es justo pagar los impuestos a Roma?>> Le querían poner en aprietos con el pueblo y con el imperio Romano.

Ellos buscaban solo una respuesta rápida que contuviera un <<*sí*>> o un <<*no*>> para rápido acusarle y arrástrale por las calles, y que su misma gente lo apedreara acusándole de traidor, o que por el imperio igualmente fuera acusado de agitador y revolucionario contra el establecimiento.

Cristo, sin embargo, no responde <<*sí*>>, Él es del pueblo y junto con su gente, Él sufre la injusticia y el maltrato de su pueblo. Tampoco responde <<*no*>>, Él no predica revolución contra nadie excepto sobre el pecado, Él mismo es la revolución, y Él, revoluciona. El sello de la revolución contra toda mentira lo lleva la cruz y ella es toda Verdad.

---

[103] (Lc 20:20-26) (Mt 22:15-22) (Mc 12:13-17)

Cristo es del pueblo y sabe cómo funciona el Imperio, también sabe cómo es que late y razona el corazón de su pueblo. Tomando su tiempo pide una moneda que es para el impuesto y que se usará para seguir oprimiendo al pueblo. Sosteniéndola en sus dedos, mostrándola a los que le han preguntado y al pueblo entero que espera la respuesta, contesta con una simple pregunta,

> <<¿De quién es el rostro imprento en el metal?>> <<Del emperador,>> contesta la gente. <<Entonces, si el metal es del emperador, al emperador dáselo, y lo que le vas a dar a Dios, a Dios dáselo,>>

escuchan todos a Cristo decir y quedan maravillados. En cambio, aquel que la mentira predicaba e intentaba a Cristo calumniar, no sabe ni que contestar.

En caminos de Cristo:

Entrada Triunfante[104]

Habían visto al Hijo de Dios levantar a los muertos, hacer reposar al mar, y dar paz a los vientos. Lo habían observado dar vista a los ciegos, echar a andar al paralítico, y habían sido testigos de cómo desataba la

---

[104] (Mt 21:7-11) (Mc 11:1-11) (Lc 19-28-40) (Jn 12:12-16) (Za 9:9)

lengua del mudo. Pan habían probado cuál de la nada había sido multiplicado. Los demonios le huían y sus palabras liberaban al oprimido.

Le vieron a Cristo cruzar las murallas y por las puertas de la ciudad santa montado en un burro. La gente al darse cuenta de que se acercaba, le tendían alfombras y manteles por donde Él pasaba. Se trepaban a los tallos de palmas y le arrancaban las ramas para adorarle, y a Cristo alabaron.

> Los jefes y los escribas, los saduceos y los fariseos, los maestros de la ley y el sumo sacerdote, se enfurecían y querían ponerle bozal a la gente. <<Solo Dios hay uno, y Tú no eres.>>

A Cristo decían en su cara. Le ordenaban que callase a la gente.

> <<Al callar a la gente, las piedras habrían de brotar labios y gargantas porque gritarían verdad>>,

les advirtió Cristo. Y no dijeron nada más porque sabían que las piedras así lo harían.

La Verdad entró montada en burro de pesebre. Y como a la Verdad esperaban en caballo cabalgando, no la reconocieron y la despreciaron. La desnudaron ante el pueblo y la azotaron. Le arrancaron la carne y se burlaron de ella clavándole una corona tranzada de espinas. Abundo la verdad que hasta el insulto se atrevió a ser real. <<*Es Dios.*>> Decía la gente <<*Es Rey; es La Verdad*>>

Meditaciones

<<Preparen los corazones para la venida de Dios>>[105], gritaba una voz en el desierto.

A la voz no la quisieron y le cortaron la cabeza y a la cruz clavaron a Cristo. No estaban interesados en el Reino de los Cielos, en cambio les interesaban las cosas vanas que para ellos era todo. Preguntaron acerca del impuesto, preguntaron sobre esto y sobre aquello, y de la gallina y del huevo y que fue primero. Cristo, les respondió con la verdad y no la quisieron; en cambio, a muerte lo sentenciaron.

Conocer a Cristo es conocer a Dios. A Dios no se puede conocer si primero no se conoce a Cristo. Solo a través del Hijo se revela el Padre. Y solo al que Cristo por nombre llama, al Padre ve.[106]

---

[105] (Mc 1:3) (Is 40:3)
[106] Jn 14:16

Cristo, de hueso y de carne dio la verdad completa como hace solamente Dios. Cristo entregó vida en cruz a la humanidad en cambio de la Verdad. El que prefirió la mentira sobre toda Verdad, se alegró de verla clavada, e incluso en su necedad negó la cruz. La verdad no gustaba y alumbraba mucho. Moisés la vio como zarza ardiendo en el desierto[107], y este le escuchó y la dio a conocer al pueblo. El pueblo en cambio, no la comprendió, la desconoció, y la rechazó. Entonces, como no la quisieron, la verdad pasó a ser no solo de Israel, sino de todo aquel que la acogió, la puerta le abrió, y la invitó a morar en su casa.[108]

Cristo no solo invita a ser buen ciudadano que paga impuestos, sino también a ser buen creyente que sirve a Dios. Quisieron ponerle una trampa al hacerle preguntas sin ninguna meta o fin, Él supo las malas intenciones y respondió como ellos no pensaron. Ellos a pesar de esto no tenían ni querían la Verdad.

Reflexiones

Grande es Dios, se atreve a nacer para darnos la Verdad, y nos ama con un amor inigualable que vive con nosotros. Tiene una familia, tiene fiestas y tiene días de

---

[107] Ex 3:1-6
[108] Mt 22:1-10

dolor. Murió con intención. Sin límites fue el amor a la humanidad que murió por ella, y en el amor pudo más que la muerte. Dios no solo truena los dedos y algo se hace. Al contrario, ama a su pueblo; le importa su gente, que hasta en la complejidad Él es el guía por los caminos de la vida hacia la Verdad.

Dios es guía y maestro. El que se atreve a conocer a Cristo, ve la Verdad y la vive, y los que la ven se preguntan como el humano fácilmente perdona y no guarda rencor, como espera y es paciente, como es que se da por su hermano sin pedir nada o esperar nada a cambio. La vida del justo en Cristo, para el mundo parece locura, más la vida en Cristo para el justo, el mundo es vacío y sin amor. Cristo da la paz verdadera, y en Cristo todo se aguanta porque toda justicia de Él es, y el amor por la justicia todo lo perdona. Atrévete en Cristo. Vive en Él.

Oración

Dios, aquí estoy. Para Ti no soy invisible y fácil escuchas mi voz. Lo que me preocupa, lo sabes. En ti no hay engaño. Tu voz es verdad. En Ti no hay mentira, eres real. Ven a mi vida. Disculpa el desorden y ayúdame a organizar. Te lo ofrezco todo, todo tuyo es. Aquí estoy.

Consejo

Hay quienes alientan a cuestionar,

<< ¿Qué tendrá el día de mañana?>>,

Como si la gracia de Dios, del hoy se ha olvidado. Otros animan a tratar de controlar el destino, el día, el mes, el año, y dicen,

<<Piensa positivo y a la vida atraerás solo cosas positivas, pero hagas lo que hagas, no te enfoques en las malas, pues sí solo piensas negativo, negativa la vida será.>>

Esto es olvidarse de la gracia de Dios, cómo Él mira, y como Él carga. Al pensar así, el ser humano se olvida del sacrificio y al prójimo hace a un lado cuando la vida del prójimo positiva a sus ojos no llega a ser.

No olvides que Dios a tu búsqueda siempre va, sea negativa o positiva la vida. Momentos de soledad hay, ¿Quién no los ha experimentado? Como momentos inciertos también hay muchos, ¿A quién llamarás? Deja que, en tu vida, en tu casa, y en el cielo truenen las trompetas de alegría, porque,

tú, como la oveja perdida, te has dejado encontrar. Fue el

> maestro quien te vio a los ojos, sintió compasión de ti, entre sus dedos acarició tu alma, como el pastor mete los dedos entre la lana, y te habla palabras suaves que calman el alma.
>
> Seguros estábamos de que Él no vendría, como la oveja segura de que moriría. Pensábamos lo peor, y de ansiedad, como ella, sentíamos las fuerzas desfallecer. Sin embargo, al ver al buen pastor y al reconocer su única voz, como la oveja alivia su cuerpo y se deja tomar en brazos por su pastor, así también nosotros el corazón.

Cristo es el remedio a la soledad, a la tristeza, y frustración. Cristo es el mensaje que todo cumplió. El desánimo por la vida se disipa al ver el rostro del buen pastor y escuchar su única voz.

¿Qué esperas? Bájale al camello y visita el confesionario. Descarga lo innecesario. Dios te escucha, Dios perdona. Cumple la penitencia y si es necesario vende los bienes y repártelos a los pobres, o perdona a tu hermano y abraza a tu hermana. A tu madre truénale el beso y a tu padre muéstrale amor.

Después de descargar, sé paciente. Las preguntas siempre vendrán, pero que alegría y que gozo cuando sabemos con paciencia el esperar. Pueden pasar meses y aún no las tengas, lo que tienes, es mucho más grande. Pues Dios es Dios del amor y de toda paciencia, cuál no agota, termina, o acaba.

Presta atención,

Sé cómo el hombre que en celebración de pascua lleva un ramito de flores a Dios, y al verlo por la calle lo reconoce. Es el mismo del pesebre, es el mismo del rostro ensangrentado, el mismo que no tiene casa, el inmigrante en todas partes, el mismo que pide ayuda en las avenidas y las calles.

Pon atención, Es Él, quien encima del hombro lleva a un joven cargando, al viejo, al niño, a la mujer, y al hombre también. Apenas puede andar. Las ropas que lleva encima están empapadas de sangre, rasgadas y sucias. Los lobos lo van mordiendo y arrancándole carne, pero Él, no se da por vencido. De vez en vez le ponen el pie y lo tropiezan y se burlan de Él. A Cristo no le importa su carne, le importa más lo que lleva cargando. Los huesos, los lobos le van descubriendo, y es el Padre quien le da fuerzas su hijo para seguir andando. Toma la cruz y sube el monte. Camina con su padre, y el hijo sabe que Él será el sacrificio. En el altar se acuesta, en Él se entrega.[109] Nadie le forzó las manos, nadie le forzó los pies. El mercenario pensó que los

---

[109] Gen 22:6-8

clavos lo detendrían, y la cruz y la tumba lo acabarían. No se dio cuenta el mercenario que por él, fueron los clavos, y por él, de la cruz no bajaría.

Sé como el hombre que al ver la agonía y también en el pesebre entrega más que flores, se desprende de todo y el corazón ofrece. Sé cómo la mujer que se quita su mejor manto se sube a la palma y le arranca las ramas, porque su Dios a las puertas de su casa entra triunfando.

Nivel 12
Verdad

Hace un año que no se drogaba. No se le apetecía. No había razón. En su tiempo fueron muchas las batallas, al fin, de sobriedad un año marcaba. Su mente y su cuerpo habían regresado a la normalidad. Su rostro fue entonces el de antes. La renta estaba pagada, y el refrigerador tenía comida.

El sol quemaba; la piel bronceaba. Respiró profundo y dio gracias, Dios lo escuchó. Se puso su traje de baño y se quitó el Cristo que colgaba de su cuello. A un lado del lago coloco sus pertenencias. Dentro del agua, sus amigos le gritaban,

<< Rey mi rey, apúrate que el

agua se calienta.>>

Se agarró de una soga que colgaba de un árbol, se meció de ella, la soltó y se arrojó adentro del el agua.

Ya dentro del agua quiso desmallarse. No había doblado las rodillas y cuando tocó el agua, cayó de pie sobre una roca filosa. Les gritó a sus amigos que lo sacaran del agua, no sentía su pie. Ellos, caso no le hicieron, pensaron que bromeaba. Se tocó la planta del pie y alzó la mano llena de sangre. En seguida lo sacaron del agua y lo llevaron a la sala de emergencias.

En el hospital le cosieron el pie. A Dios dio gracias de que no fue mayor el daño, mas no podía caminar, le dolía al poner presión así que se asistió de muletillas. Cuando le dieron sus pertenencias faltaba la cadenita. Buscó entre sus cosas y sus amigos buscaron en el carro. Caía el sol y nada encontró. Al día siguiente buscaron en el sitio donde habían estado, pero no encontraron nada.

La cadenita pertenecía a su madre cuando aún vivía. Siempre fue supercuidadoso en donde la ponía, e incluso cuando dinero para drogarse no tenía, nunca le pasó por la mente venderla. No lo podía creer, era el recuerdo de su madre que más celosamente guardaba, y ahora lo había extraviado. Quiso llorar de coraje.

> << ¿Cómo pude ser tan descuidado con ella?>>

Se preguntaba sin darse quebrada. Casi nunca se la quitaba,

> << ¿Por qué me la quité para nadar?>>

Del cuello de su mamá colgaba la cadenita. En sus últimos días de vida se la quitó y con ella adornó el cuello de su hijo. Le había pertenecido a un gran señor, el papá de su mamá, su abuelo. Él nunca lo conoció, pero sabía que había sido un hombre ejemplar. Su mamá le contaba historias acerca de él, e incluso la entrada de la ciudad portaba su nombre.

La cadenita era de oro y el pendiente tenía un hermoso cristo tallado. No era el valor del oro que le dolía perder. Su mamá era todo. Y ya nada tenía, solo su cadenita. sino el recuerdo de su madre y el vínculo a su abuelo. En sus oraciones a Dios pedía encontrar la cadenita, pero nada sucedía.

Pensó que, si alguien la había encontrado, él podía recompensarle pagando dos o tres veces el costo. Hizo volantes y los puso en las esquinas. El volante no tenía foto, solo leía:

<<Perdí el Cristo que colgaba de mi cuello>>. Además, contenía su número de teléfono, dirección y recompensa.

Nada escuchó; nadie llamó. Se dio por vencido y la vida siguió. Unos días eran mejor que otros, otros días no entendía por qué la vida se empeñaba en ser como era. En su trabajo se esforzaba. Entre más oras metía, parecía que no valía la pena. Era lo mismo. La mima mensualidad, y unos centavos de más. Inconforme era en su trabajo. El sueldo no le aumentaban y apenas alcanzaba para lo que alcanzaba.

<<Todo es un desastre>>,

pensó

Siempre pensó que a su edad las cosas serían mejor y que la vida para ese entonces sería lo que él siempre quiso que fuera, más no lo era.

No encontraba balance en nada. Buscaba razones para no caer en sus viejos hábitos de adicción. Buscaba razones para sonreír, no importaba que fueran pequeñas, con que fueran, suficiente lo eran, más últimamente, ya no lo eran. No encontraba pequeñeces ni recordaba cuál era la última cosa o razón en la que sintió alivio.

Por varias semanas se trató de convencer de que era fuerte y que no caería, pero sus ansias no lograba calmar. Empezó primero a morder sus uñas. Quiso calmar sus ansias, pero uñas ya no tenía. Se mordió los labios y luego la boca y toda la lengua. Desahuciaba. Rajo su piel, dedos y pies para aliviar. No alivio. Tan solo pudo decir "Dios" y lloró.

Cansado de pelear con su conciencia, tomó las muletas, sus llaves y su cartera. Pasó a la licorería y uso su tarjeta para sacar efectivo. Al doblar la esquina se encontró con un hombre. Rey le dio el dinero, el hombre le dio heroína. Él se sintió vil con solo tenerla en sus manos. Lloró de remordimiento. Trató de no pensar en nada. Trató de no pensar en su soledad, o en su madre o en Dios, en nada. No quiso sentir su miseria.

Al llegar a casa, de la manija de la puerta colgaba una cadenita y pegada a la puerta una nota que decía:

Para que cuelgue de tu cuello nuevamente. Nunca lo perdiste, estuvo contigo. La recompensa esta ya pagada.

En caminos de Cristo:
El Pueblo Perdido y Hallado en el Templo[110]

Para el mundo judío, todo giraba en torno al templo de Jerusalén. En él se celebraba y se adoraba al Dios de la vida.

En tiempos de Cristo por toda la comarca también se edificaban monumentos y templos para los distintos dioses helenistas; griegos y romanos. Para el mundo greco-romano era necesario construir templos al dios del trueno y a la diosa de la fertilidad, y a todo otro que hiciera mención en su historia y tradición. Cada dios tenía su lugar y su templo y su estatua se bronceaba al sol. Nunca se adoraban a todos los dioses en un solo lugar, pues si el trueno caía sobre el templo y lo destruía, ¿Quién estaría seguro de cuál de todos los dioses hubiera sido el que estuviera enojado? Y detrás de la destrucción su nombre se ocultaría.

---

[110] Lc 2:41-51

Todos los años Cristo, María, y José solían visitar el templo de Jerusalén para la pascua. Un día de regreso a casa, se dan cuenta de que el niño Cristo no va con ellos en la caravana. Se regresan a Jerusalén para buscarlo, así tengan tocar casa por casa, doblar cada esquina, y levantar toda piedra como la noche de su nacimiento en Belén.

> Aproximadamente trece años antes, un ángel visitaba a María. Él le decía que quedaría embarazada y daría luz a un niño que sería grande ante las naciones y le pondría por nombre Emmanuel[111,] cuál significado es, <<Dios con nosotros.>> Al noveno mes al lado de la vaca y el buey, María da a luz en un pesebre.
>
> Ve María como los pastores y los reyes le adoran al niño. En cambio, hay algunos que en sus corazones es inhumana la avaricia y pesa terriblemente el egoísmo, que buscan la muerte del infante. La familia es forzada a huir a Egipto para salvar la vida del niño, y son inmigrantes en tierras del faraón.[112]

---

[111] Mt 1:23
[112] Mt 2:13

Había pasado mucho tiempo desde que Dios por medio de Moisés en tierra egipcia, el agua del río Nilo convirtió en sangre. El tiempo de las lluvias de rana aún se recordaban juntos con los piojos que, hicieron que los egipcios se raparan la cabeza. Todavía había ecos en las esquinas de los aullidos de las bestias salvajes que descendieron a la ciudad. Aun el ganado temía la enfermedad, y la piel de los egipcios aún enchinaba de escalofríos al recordar las infecciones de la piel. No se había olvidado aun la lluvia de fuego que hacía trizas a la ciudad. Aún recordaban las langostas que cubrían la faz de la tierra y devoraban el trigo, el arroz, el papiro, y todo cuanto crecía en la ciudad y los alrededores. De noche aún la antorcha se dejaba encendida por temor a la oscuridad que cubrió el día cuál fue más oscura que la noche olvidada de luna y estrella. Aun Akila y Anat lloraban la muerte de sus primogénitos. Olvidado no era Yahvé, el Dios que hirió de muerte a todo dios falso en Egipto.

En medio de la ciudad un joven y también un viejo aún dirigían su mirada hacia donde el templo de sus dioses fue edificado y derrumbado. Ya no había piedra sobre piedra cuál admirar, y cuando estos se preguntaban,

<< ¿Qué Dios se enojó?>> << ¿Cuál Dios tiene poder e incluso sobre los dioses?>>

Una joven María y un piadoso José pisaban el país con un niño en brazos quien es   para el pueblo, <<Dios con nosotros >>

Dios anduvo enamorado. Antes sacó a su pueblo de Egipto. Nuevamente el pueblo estaba esclavizado, andaba cegado. En medio del pueblo Yahvé de nuevo a su gente habla. El pueblo lo mira y el pueblo lo escucha.

María y José lo buscan en el templo, en la casa de Dios. En él, encuentran al niño rodeado del pueblo que lo escucha; ahí se encuentra pastoreando a su gente.

Ya hace más de dos milenios que Dios había partido el mar rojo, hace más de dos milenios que su pueblo ofrecía al cordero de pascua, y de su sangre cubrían las entradas de sus puertas para que el ángel de muerte no tomara la vida de sus hijos. Y desde tiempo antiguo ya, Cristo, Cordero de la pascua se anunciaba en Egipto. Dios es el Cordero de la pascua que protege a su gente de la muerte con su sangre. Y Él es primogénito que se quedó en el templo tres días llamando a su pueblo. Y Él es el primogénito que resucitó y venció la muerte de entre los muertos. Es el quien el sepulcro invalidó de toda muerte y lo llenó de luz para que todo aquel que en Él crea tenga vida, vida de Dios.

Cristo no estaba perdido, aunque José y María así lo pensaran. Él, había encontrado a su pueblo y lo llamaba como cuando por medio de Moisés, Yahvé llamaba a su gente. Como el buen pastor, Cristo llama a las ovejas de su redil.

Meditaciones

Fuimos formados del barro de la tierra.

> Un día un joven vio cómo se hacía un cántaro de barro, y cuando al artesano lo moldeaba se quebró en sus manos. El barro salió mal. No era buen barro, era defectuoso. El Alfarero no moldeaba con rapidez ni fuera de tiempo. Detuvo la obra y la puso a un lado. Le quitó las piedras y la volvió a moldear.[113] Así Cristo hace con su Pueblo. Como el alfarero hace con el barro, Cristo hace con el corazón humano.

---

[113] Jr 18:1-6

Él quita las piedras, quita la dependencia a cualquier droga, y a toda cosa que encadena el corazón. Muchas son las dependencias en las cual la juventud, el niño, y el viejo pueden caer. Por la mentira de la adicción se puede llegar a creer que no hay solución o peor aún, que no hay nada malo en ser esclavo. El esclavo no es libre, aunque piense que lo es. Las cadenas arrastrarán hasta que el hombre sea sacado de su esclavitud. ¿Y Quién es el libre? El liberado.

Dios liberó a su pueblo Israel de la esclavitud de Egipto y corto las cadenas. Cristo liberó al mundo del pecado con su sangre, y en Egipto se dio a conocer.[114]

No importa la adicción, no importan los años, no importan los daños, no importa cuantas veces se ha intentado ser libre y se ha fallado. Para el que de corazón quiere a Cristo seguir, Dios da la gracia de hacer lo imposible y hace camino donde camino faltaba.

Cree con todo el corazón, y como a su pueblo, escucha como Cristo en medio de todos, y entre todo, tu nombre, tu vida, tu ser entero está llamando.

---

[114] (Ex 2:17) (Ef 1:7) (Heb 9:13-14,22)

Reflexiones

Dios es el Alfarero que moldea, rompe, y quebranta, y de nuevo trabaja el barro y lo vuelve moldear, lo vuelve a formar, y lo vuelve a hacer, como el viejo que vuelve a nacer. Lo viejo, en Cristo nuevo ya es.[115]

No somos dioses constructores, ni menos alfareros divinos. Somos piedra molida y esculpida de forma cántara. Confía en las manos del alfarero que fueron clavadas y por su sangre que le fue derramada, que cuando ellas toquen tu barro y te acaricien el corazón, lo reconocerás por las llagas y las heridas. Él puede, y si quiere, rompe el cántaro en fragmentos de mil millones hasta que el polvo tenga su propio polvo, entonces, lo vuelve a moldear y lo vuelve a hacer.

Perdidos y solos nunca estamos. Dios es grande. Más grande de lo que crees, Dios es. Los ojos no alcanzan a ver el mar de su ternura, pero el alma lo reconoce bien. Su Grandeza habita hasta en lo pequeño. Es tan pequeño que lo pequeño es gigante. Y Él puede hacer las cosas por el frente y también al revés.

De Él es el tiempo, y como se quiebra el barro en las manos del alfarero también Él quiebra el tiempo y lo vuelve a hacer, a deshacer, y hacer de nuevo. El tiempo nuestro, es el tiempo de Dios cuál se lee: después que, y

---

[115] Jn 3: 1-10

antes que; Cristo es y Cristo fue. Es su obra, es Él quien lo partió[116]. Fue Él en el principio y es Él, el fin de todos los tiempos y Rey de los siglos y por todos los siglos. Amén.

Consejo

El que habita en la casa de Dios no es defraudado. En ti hay un templo edificado. En él, Dios purifica si quieres ser purificado. El que recibe el mensaje sabe amar. Ama. Si no sabes amar pide aprenderlo y se te dará. Todo camino y destino de amor lleva al Hijo y el que conoce al Hijo al Padre ve.

Confía si joven eres. Dale tu vida si eres viejo. Ve la alegría del evangelio, se revela en estos los tiempos, ellos, de Cristo son. Y sus tiempos son perfectos antes y después. El tiempo antes lo anunció, por boca de sus profetas cuando era Él ya. Cuando Dios padre vida nos dio, Cristo era ya. Él caminaba en el jardín y fue Él quien llamaba a Eva y Adán. Todo se hizo por Él y nada fue antes que Él, y nada por Él se dejó sin hacer. La gracia de Dios y el gran amor que emana del Padre y del hijo, lo anuncian. El amor del Padre y el Hijo es Dios en Espíritu y lo anuncia Cristo en la carne y es El Espíritu Santo que es vida en verdad. El Padre y el Hijo lo

---

[116] Qo 3:15

entregan al hombre y lo dan a la mujer para que Él hable en el silencio cuando,

> <<La boca no cuenta con las palabras para expresar lo que hay en el corazón.>>[117]

confía en Él. Confía en Dios.

Oración

Tu gloria Dios, es infinita: Se extiende arriba de las nubes; arrebasa toda galaxia y todo sol; Llega más profundo que el cañón más profundo donde la oscuridad oculta toda luz, donde ningún animal sobrevive la profundidad, y una presión lo estruja y comprime todo.

Tú Señor, habitas donde acaba el olvidado, exiliado, y todo abandonado, y Tú Dios, das la vida. Tú traes sentido a todo, todo alumbras y le das color, y Tu luz brilla en rededor. Es Tu amor cuál transforma ensancha y sosiega incluyendo toda presión.

Dios, todo nuevo es nuevo gracias a Ti. Tú renuevas, transformas, quiebras, y haces de nuevo.

---

[117] Rm 8:26

Proverbios Sobre la Verdad

La Verdad no se esconde y su aposento es todo lugar

El que busca la Verdad la encuentra

El que escucha la Verdad la vive

La lengua del que habla la Verdad es miel del colmenar

El que ama la Verdad toda mentira aborrece

El que hace preguntas queriendo la Verdad encontrar, verdaderas son sus respuestas

La Verdad purifica; la Verdad embellece

La Verdad se anuncia en los labios humildes, el labio soberbio y arrogante, solo sabe rechazarla y proclamar falsedad

Florido es el camino de la Verdad, jardín de la eternidad

Verdad es una sola. Como ella, otra no hay

Elogio a la Verdad

Oh Verdad, Tú eres bella. Son los mares bastos; son las estrellas muchas, y aún Tú eres más. Como lo oscuro es negro; como la luz cuando brilla, Tú sencilla; Tú humilde. No te complicas. Eres simple como el <<*si*>> y como el <<*no*>> cuando <<*no*>> y cuando <<*si*>> llega a ser[118]. El poeta tuvo una chispa de inspiración y escribo sobre dos caminos. Uno tomado, y otro que sin tomar se dejó.[119] Y la santa mística vio los caminos. Uno era mentira y el otro era Verdad. Uno era bello y santo y en el otro, las almas bailaban hacia su perdición por el camino corroído sin la belleza y vacío de toda Verdad.[120]

Oh Espíritu de la Verdad. Inspiras al que se deja inspirar, y al que se resiste, vaga en la oscuridad y es atormentado por la mentira porque la mentira es rodeada y asechada de toda Verdad.

---

[118] Mt 5:37

[119] Frost, R., "EL CAMINO NO ELEGIDO," 1916.

[120] Kowalska, F., "[Número 153]," en Diario: La divina misericordia en mi alma, Marians of the Immaculate Conception, Eden Hill, Stockbridge, MA, 1996.

Nivel 13
Talita Cumi

No durmió, ni descansó. Veló de noche y de madrugada, era ya la hora novena. La pasó rezando e implorando. A Lupita le costaba aceptar la voluntad de Dios, más otra voluntad no aceptó.

Por años ella y su esposo intentaron concebir. Usaron tratamientos y medicinas orientales, tés y remedios, como también masajes de la matriz y otras cosas que pudieran ayudar con su fertilidad. Nada funcionaba. Doctor tras doctor, obtenían el mismo resultado. Para la esterilidad, no existía remedio. Más nunca se rindieron.

Después de años de intentar concebir, finalmente a la edad de cuarenta y siete, Lupita quedo embarazada. Nunca se olvidó de su devoción. Siempre oró. Espero el nacimiento de su bebe con anticipo.

Desde un principio se dijo que no le importaba el género del bebé, ella simplemente rebosaba de alegría. A la semana veinte en la consulta para el ultrasonido, ella y su marido optaron por no saber el sexo del bebé, pero ella no aguantó las ganas y arrepentida regresó al consultorio de enseguida.

<<Niña.>>

le dijo la doctora.

<<Niña>>

repitió Lupita enamorada. Sería la recámara vacía ocupada, sus paredes pintadas y por fin decoradas.

En una noche de luna llena y sin complicaciones, Mariana Mar vio por primera vez el mundo. Nació con un par de manos, dos ojos y dos pies, saludable fue el parto. Tenía el pelo igual de mono que papá, y los ojos brillosos de mamá. Había la niña, nacido del amor y la paciencia. La vida abundó y en la casa la alegría no cesó.

La niña creció. La noche antes de empezar su primer día de clases, Mariana Mar le dijo a su padre y a su madre que no iría a la escuela, ellos estuvieron de acuerdo, y la niña estuvo presente en sus vidas. Ese primer día de escuela al que no quiso asistir, su mamá tomó unas lonas y algunos colores y junto con su marido se pusieron a pintar en el patio. Al ver que sus padres se divertían quiso también pintar, Lupita le dijo a su hija que eso y mucho más haría en el kínder. Ese día, la familia estuvo completa.

A la mañana siguiente la primera en levantarse fue Mariana Mar, estaba lista para la escuela.

Al llegar a la clase, Mariana Mar hizo amigos como hacen los niños. Su madre se despidió de ella y se encaminó hacia la casa. En camino se puso a llorar como hacen las madres cuando delante de sus ojos ven crecer a sus pequeños.

En el supermercado, Lupita recibió una llamada de la escuela. Tiró todo. No le importó. Al llegar al carro su nerviosismo no lograba calmar, temblaba y no encontraba las llaves. Detrás del volante era un desastre. En el hospital las enfermeras le dijeron que la niña estaba bien, solo se había fracturado el brazo y solo le hacían exámenes por causa del desmayo. La maestra vio a Mariana Mar caer desde la plataforma de la resbaladilla. Lupita vio a su hija, la abrazó y no la quiso dejar ir.

La doctora habló en privado con Lupita, le explicó los exámenes de tomografía. La madre sintió que un millar de agujas le picaban el corazón, sintió un frío y después nada sintió. Entumecida de la mente y del cuerpo e ida de todo pensamiento metió las manos a su bolso y abrió el celular, quiso llamar a su esposo, pero no se acordaba de su nombre.

Cuando entro él al consultorio, ella solo descansó su peso en él sin decir nada. Fue el llanto amargo y lo fue en silencio. La operación era riesgosa y la cura poco probable. Era cáncer, y este, desarrollado.

En caminos de Cristo:

<<Niña, a ti te digo, levántate>>[121]

Moría. En su casa la querían mucho y su padre habría dado su vida por la de su hija. Él, confiaba en Dios. Como un padre que tiene una hija moribunda, va en busca de la cura, del verdadero remedio. Cristo lo encuentra por el camino, y cuando lo mira, quiere lo mismo que el padre, y el padre a su hija la quiere mucho.

Solo el Dios quien es Alfa puede levantar de la muerte, y solo el Omega, da la vida en abundancia. Y la vida que Cristo da, cabe en cada quebrada y en todo orificio. Y a su hija, los ojos se le cierran y la vida casi no vivió.

Solo Dios, de la muerte puede regresar a las almas. Un dios sin amor puede tronar los dedos y de esa forma querrá intentar regresar a alguien a la vida. Pero Cristo que es único, ama con complejidad, ama hasta la profundidad, y a nadie le truena los dedos. Cristo escucha lo que hay en el corazón del hombre. Su hija muere. Más él cree en Cristo, confía en Él, confía en su poder y en lo que Cristo es capaz de hacer. Y ya que Dios Él es, de todo es capaz, y Él puede si quiere sanar a su hija. Duda en el padre no hay, que solo bajo la mano de Dios ella tendrá vida en abundancia. Sabe el padre que, aunque su hija la vida pierda, en Cristo la ganará.

---

[121] Mc 5:21-43

Nadie apura a Cristo, el mismo se pone en camino y va. Y cuando va, una mujer enferma le toca el borde del manto y queda ella sana. Cristo hace la pregunta,

<< ¿Quién me tocó?>>

Y el padre sabe que su hija tiene los minutos contados, pero Dios es Dios, y Dios no truena los dedos y tampoco lo hace un padre piadoso.

La mujer que le ha tocado, ya sana, explica lo que pasó con lujo de detalle y les cuenta. Y el padre confía en Dios, y Dios sabe lo que hace. La gente a Cristo lo aprieta, lo jala, lo toca, y apenas se puede mover. Sin embargo, el padre no lo apura. Comprende él, que son estas las obras de Dios.

Todavía estaba hablando Cristo cuando llegaron de la casa del padre.

<< ¿Para qué lo molestas?>>,

le dijeron,

<<Tu hija ya no vive.>>

Los de su casa no vieron a Dios. Ellos no vieron la verdad. Pero el padre sabe lo que vio y bien sabe quién Cristo es. El que dios se autoproclama, no puede mover las nubes, no puede jalar el sol, no puede desarreglar el cosmos y volverlo a arreglar, y no puede sanar a las hemorroisas con tan solo dejar su manto tocar, regresar de la muerte, a nadie podrá. Dios no se autoproclama, no hay necesidad. El ojo que lo vio y el corazón que en Él confió, por los actos de fe, Dios de todo, lo proclamó.

Dios, poder sobre todo tiene, y la muerte sobre Cristo no tiene ningún poder. Dentro de la casa, los familiares de la niña lloran y gritan alaridos de dolor. La música de lamentaciones se hace escuchar. El duelo por la muerte es conmovedor y las lágrimas no calman el alma. Cristo por su parte, en alegría el llanto esta por transformar.

> Para Cristo la muerte es solo un sueño, y Él anuncia, <<La niña esta dormida.>>

Y los que no creen en Él, y a Dios no ven, se ríen y se burlan. Para ellos la muerte no tiene remedio; para ellos la muerte es más grande que Cristo, más grande que Dios. Cristo tomó al padre y a la madre y entró donde el cuerpo de la niña yacía. Y Cristo hablo a todos los corazones. Al padre y la madre les dijo, ¿creen que soy quien levanta a los muertos? Y el corazón solo dijo,

> <<Señor tú lo haces. Yo te lo he visto hacer. Hoy mañana y siempre, Tú lo haces. Tú eres quien yo no merezco. Mas libre te das.>>

Cristo vio a la niña; le tomó la mano y la llamó diciendo, <<Talita Cumi.>> La niña escuchó la voz y sintió la mano. Y el corazón latió y los pulmones se llenaron de aire. La niña se levantó.

Velo de noche y de madrugada. Ora nona y nona la ora. El alma regresa a la vida. Cristo la trajo de la muerte y la volvió a la vida.

El alma probó y tomó de la vida que Cristo le daba. Dios es quien sostiene la vida y la da a quien en Cristo la pida. Cristo ama a toda alma, y el alma que se atreve a declararlo <<Dios de la vida>>, no es defraudado en cambio, es dada la mucha vida.

En el mundo presente y en el que es prometido hay pues, abundancia de vida y divino descanso, el eterno sueño.

Meditaciones

¿Quién conoce los designios de Dios como Dios? ¿Quién piensa como Él y razona como Él? El amor de

Dios se expande por doquier, y como el horizonte, es infinito. Es capaz de sanar el corazón cuando un amado parte de esta vida. Es capaz de sanar al enfermo y darle también la mucha vida. Dios, es capaz de todo. Entra donde la niña y sopla el aliento de vida, y es pues el mismo soplo que se dio a vuestros abuelos y al alma tuya y mía, el soplo de la vida.[122]

Supo pues la comarca, pueblo, y alrededor que Dios hacia campamento entre ellos. Los pies de Yahvé tocaban del suelo del pueblo y les daba la vida.

Reflexiones

Es difícil e incómodo ponerse en la situación de Lupita. Podemos pensar que Dios da y Dios quita. Y sí, es de esa manera, pero no así de simple. En cada vida hay un momento y un por qué. Las personas trazan una huella y duele mucho cuando ya no están. Duele la falta de vida y se extraña al que un día fue. Es difícil recordar el gozo cuando se llora, cuando se vela, cuando se entierra. Parece que el consuelo se tarda y pronto no llega. El vínculo a la vida del ser amado pasa a ser solo una memoria y solo unos recuerdos. No queda su olor, no queda su voz, solo el vacío que parece que nada lo llena.

---

[122] Gn 2:7

Cristo conoce el dolor, pero también anuncia resurrección. No solo predica la vida abundante, sino que la da. Él es el manantial del agua viva que para el alma es infinita, pura y cristalina y se antoja en todo lugar.

Hay un momento para todo, para extrañar y para llorar. Pero no todo es llorar y extrañar. También caben momentos de luz para celebrar que el ser amado es en sueño por Cristo llamado. Como la niña, de la mano es tomado el ser amado. Le llama la voz, y el ser escucha el sonido. El corazón late y los pulmones se llenan de aire. Abre los ojos y sabe el alma quien es quien le llama.[123]

Eres amado. Eres amada. Cristo en cruz fue clavado para mostrar la verdad de sus palabras. Porque, todo el que cree y con el alma testifica, con sus acciones anuncia la buena nueva, y en Cristo salvación encuentra. Reflejada en Cristo es la vida, cuál muerte ahuyentó y la tumba vació.

Oración

Encamíname, Dios por los senderos rectos. Sé mi guía y mi alegría. En tiempo gris y de duelo sé Tú el consuelo.

---

[123] Jn 11:25-26

Consejo

Confía, aunque sea difícil. Confía no porque miras sino porque escuchaste el mensaje, entonces sabrás y creerás en la Verdad cuál vida da. En Dios, es solo quien que se encuentra esta Verdad.

Nivel 14
Ley y Justicia

Dejó de ser pequeño muy pronto. No hubo pastel ni velas. No hubo besos ni abrazos, y le falto el <<*te quiero*>> y no hubo un <<*te amo.*>>

Su calzado fue tres veces más grande y la camisa se le iba de lado. Era para lo que alcanzaba y lo que alcanzaba era poco; su enojo y frustración era contra el mundo y era contra todos. Su pueblo no supo qué hacer con él y nadie le dio una sonrisa, entonces olvidó la expresión, desconoció la alegría. Fue más solitario que nada. Una cosa llevó a otra y estaba en la cárcel. Detrás de las rejas, hizo su vida, ahí formó su casa.

Adentro se equivocó y maduro. Aprendió que uno no escoge donde nacer o si tiene una cuna tallada y cosas muy lindas, o si entre las ratas de un edificio abandonado llega a la vida. Y supo él, que Dios era grande porque, aunque no tuvo cuna ni cama, aun así, el Dios de la vida se le reveló y su voz escuchó. Entendió que uno no escoge tener padres que amen a los hijos o padres que los regalen. Y supo perdonar y se propuso a Dios buscar y otra vida encontrar.

En el penal conoció a muchos que habían corregido el rumbo de sus vidas. Comió con el violador arrepentido dispuesto a pagar su sentencia a Dios con su vida. Tuvo la celda al lado del ladrón que fácil se desprendía de todo lo que tenía, y cuando le robaban buscaba al ratero para darle hasta su comida y bebida. Jugó con y en contra del asesino que le fascinaba la vida, que fácil por otros se desvivía. Eran asesinos, eran rateros, eran violadores, y en medio de una prisión la vida les sucedía. Conoció a uno y a otro, se hizo por amigos a Tuto y a Tito. Conoció los libros sagrados, de ellos escribió poesías, ellos llenaron sus días.

Enamorado vivió detrás de las rejas. Tuvo días diferentes y vivió días rutinarios. En la complejidad de todo y en todas las cosas, se encontraba con los rastros de Dios. Todo encajaba y nada estaba fuera de tiempo. Todo corría de acuerdo con un plan divino y nada salía de la serie de sucesos que vendrían y los que devolverían. Y él no estaba solo. Dios estaba con él.

Le perdió el miedo a la cárcel bastante pronto, ahora le tocaría hacer lo mismo con el mundo sin necesidad de las rejas.

No sabía dónde ir o qué hacer con su vida. Se dirigió a la salida aún custodiado. Se abrieron las puertas y en silencio a Cristo obsequio su primer paso a la libertad. Y de la celda, Dios llamó a su hijo.

Poco después cruzo una avenida, y después varias calles. Se recargó en una pared, bajo la mirada y cerró los ojos, en silencio movió los labios y una oración entregó. Confiando en Dios, abrió los ojos y se puso en marcha. Entró por una puerta cuál es entrada y salida del redil de las ovejas.

Se sentó en una banca. Los rayos finitos del sol entraban por las ventanas. Las pelusas y los polvos se movían entre la luz como las estrellas en los cielos. La luz era como el oro cuál brilla su resplandor. Los vidrios no la distorsionaron; era pura y hermosa, como el instrumento y como la canción. La banca donde se sentaba estaba sola, solo él y los rayos la ocupaban. Los que veían desde otras bancas admiraban el resplandor. Unos la vieron y dieron gracias por tener ojos y la gracia de ver la pureza del sol. Fue en silencio la escena y el ruido no se escuchó.

Pronto entro la gente y ocuparon las bancas. Las personas, una por una le dieron reverencia a la cruz y después al sacerdote quien prestaría a Cristo sus manos.

Empezó la misa; de pie se puso la gente y cantó. El sacerdote leyó el evangelio, era acerca de la Verdad. Los que la oyeron creyeron, y los incrédulos la despreciaron. La gente volteó a verse y se dieron la mano. A todos él extendido la mano y todos se la extendieron a él, y fue un amor que se daba entre los unos con los otros. Después se formó una fila y fue él incluido. Con paso callado a Cristo levantó la vista, y lo miró. Cuando regresó a la banca en el piso descansó las rodillas y en silencio contempló el sagrado misterio, perfecto enlace a la vida para el que lo come y lo toma.

Y todas las almas incluyendo la de un ex convicto dijeron:

Eucaristía, pedacito de luna, y la luna entera y más que la luna y que el mismo sol

Pan del hambriento

Manjar del sediento

Eterna vida que santifica, que purifica, y virginisa el alma y el corazón

Agua y sangre que intensifica lava y embriaga en tu pasión

Me oyes y escuchas, confortas y calmas mis ansias y angustias

De mi cuerpo as sagrario, de mi mente tu cede, y planta trono en mi corazón.

Cercas te siento. Dentro de mí te escucho llamar. Defiéndeme, cuídame, tómame, ámame, Tuyo ya soy, en los siglos y por los siglos. Amén.

En caminos de Cristo:

Más Blanco que la Nieve[124]

La casa se llenó de pared a pared, y apenas había espacio para el que estaba en la casa. Cristo le hablaba a cada uno y todos escuchaban. El mensaje era claro y el mensaje era uno. Había entonces también aquellos que lo escucharon y como no lo comprendieron el mensaje despreciaron.

Cristo estaba predicando una verdad todavía cuando un agujero en el techo se abría. Unos amigos bajaban una camilla con un enfermo encima. Y el enfermo no caminaba y no doblaba las rodillas. Cuando aún bajaba, Cristo fijó los ojos en el enfermo y miró la voluntad, el amor, y la fe con que los hombres habían cargado al enfermo desde su casa y ahora por un techo lo descendían.

Quisieron los amigos entrar, pero la casa estaba repleta. Pedían permiso y suplicaban a la gente que espacio les hicieran, pero, de

---

[124] (Mc 2:1-12) (Lc 5:17-26)

enfermos estaba llena la casa y uno más no cabía. Los amigos van y buscan unas sogas y luego algo para arrancar un techo en pedazos. Al encontrar las herramientas se trepan al techo y lo arrancan, amarran a la camilla una soga y a Cristo bajan y ofrecen un sacrificio de amor, ofrecen a un amigo.

El amor presta sus piernas cuando un amigo ya no puede caminar. El amor lo sube a una camilla y lo carga. El amor se sube hasta el cielo, se planta junto a las estrellas y arde su luz. El amor arranca un techo en pedazos y pide de otros la sanación.

A medio aire el amigo une su mirada a la de Cristo que lo ve a los ojos. Cristo ha visto el brillo de amor que lo bajó, que lo trepó, que lo cargó. Ve la fe y la valentía, mira el oro de la amistad cuál baña sus corazones.

Y le dice al enfermo lo que más necesita, << Tus pecados te son perdonados.>>

Y los que ven la verdad bajo una lupa también bajo la misma lupa ven la ley, y la ven amplificada y no la comprenden porque ciegos están.

> <<Son como el hombre que, al caer un mosco en su agua, la cuela, la toma, la bebe, y no se da cuenta de que un camello se traga.>>[125]

Todo Cristo hizo bajo la ley y nada de lo que hace está fuera de ella. Al perdonar los pecados anuncia igualdad con Dios. Y Los que lo odian pensaron que tenían razón de darle muerte.

Solo Dios es omnisciente. Solo Dios es quien conoce el corazón del enfermo y de los que lo bajaron, del tuerto parado en la esquina, y de toda la familia que trajo a la ciega. También conoce al corazón de los que traman su muerte. Esos corazones son examinados y puestos a la prueba.

> <<Porque piensan así>>,

pregunta Él. Los ha puesto al descubierto sin mencionar nombres ni apuntando dedos. Y pregunta,

> <<¿Qué es más fácil? Borrar el pecado del alma y dejarla blanca como la más blanca nieve[126], o decirle al paralítico, los músculos de tus pies ya te sirven, nuevos sensores y receptores Dios ha obrado en

---

[125] Mt 23:23-24
[126] (Sal 51:7) (Is 1:18) (Ap 7:14)

> ti. Ha reforzado tus huesos y de rico tétano los llenó. Anda, úsalos, ponte de pie y muévelos.>>

Reconociendo que solo Dios hace milagros, y solo Él tiene poder sobre los paralíticos, y Él solo puede afirmar sobre la faz de la tierra fuerza a los pies y a las piernas, no saben qué contestar.

Cristo en unión al Padre, que en el amor es un solo Espíritu, es quien perdona el alma y afirma la fuerza a los pies. El alma del paralítico es perdonada y en Cristo purificada. Y sus pies ya sienten el éxtasis por tocar la tierra. El paralítico no saldrá ya por la misma entrada.

> Aun rechazando que Cristo es Dios, los corazones endurecidos <<Blasfemia>> llaman a La Verdad.

Se irritan contra ella porque revela a un Dios como ellos no quieren y lo rechazan. Ellos prefieren que el paralítico no camine y que sucia este su alma a que Dios sea Cristo.[127]

El paralítico a la voz de Cristo toma su camilla y anda, y anda con el alma más blanca que la más blanca nieve.

> El que sigue la ley ama la ley, e inspira la ley, y nunca la

---

[127] Mt 23:13

> quebrantó, el Dios fue. Él a su ley
> dio cumplimiento de la <<A, la
> Z.>>

Pues Él es el principio y fin de todas las cosas, y cuando a su fin llegan, Él las renueva. A los que lo escucharon y creyeron en Él, tuvieron vida en abundancia porque escucharon y en práctica se aplicó el mensaje de la Verdad.

De la gracia la casa estaba a reventar, la ley dictaba justicia. Dios andaba con Israel; Cristo estaba con su pueblo.

Aflicciones

¡Ay de aquellos que en el alma prefieren maldad a la Verdad! Porque entre más la Verdad les sea revelada, más endurecen el corazón y no creen en ella.

¡Ay de aquellos que no creen en Cristo cuando el ciego recobra la vista o después de que el enfermo se llena de toda salud! Porque ni viendo creyeron.

¡Ay de aquellos que no creen después de que la Verdad ordena toda gota de agua grande o pequeña, gota del cielo o gota de mar![128]

---

[128] Mt 8:23-27

¡Ay de aquellos que no creen en Él cuándo carga la cruz, en cambio, se alegran de su muerte![129]

¡Ay de aquellos que no creen en Él cuándo ven los hoyos que traspasaron los clavos y el costado abierto después de que ha resucitado![130]

¡Ay de aquellos que en Él no creyeron cuándo el tiempo de los calendarios anuncia su nombre!

¡Ay de aquellos que no creyeron en Él cuándo con celo se les predicó y no escucharon el evangelio! En cambio, se burlaron y lo despreciaron.

¡Ay de aquellos que no creyeron cuando el Padre dio al Cordero el rollo y rompió su primer sello y dio su mensaje cuál revelaba la Verdad, ni tampoco cuando el séptimo sello abrió y a la humanidad el último dictamen dio![131] Pues dijeron, ¿Cuándo fue que se nos anunció?

¡Ay de aquellos que cuándo como espejo miraron su alma y sus obras perversas durante el gran milagro y aún no creyeron! En cambio, ellos y las generaciones perversas lo negaron y a su regreso no lo conocieron cuando venía sobre las nubes como hijo de hombre, y cuando vieron al padre desconocieron al Hijo y aborrecieron al Padre.

---

[129] Pr 1:11-14
[130] Jn 20:24-29
[131] Ap 5-8

¡Ay de los que escucharon el son de la trompeta y la quisieron callar porque les atormentaba sus notas![132] Pero al ver que anunciaban la a Verdad y no la quisieron, pronto amarla no pudieron. Cristo en cambio amó a las almas, a cada una de ellas que, con los milagros, con la muerte y la resurrección quiso llamar su atención. No obstante, entre más cercas La Verdad la tenían más la aborrecían, se burlaban de ella, y eran infames contra ella. Le levantaban falsos tratando de oscurecer el brillo de toda Verdad y le sacaban cuentos. Libertad no quisieron y en cambio tomaron libertinajes, y rechazaron el mensaje y se crearon el suyo mismo.

> Prefirieron las guerras y conquistar con la espada, y se olvidaron de que <<él que mata por la espada, muere por la espada.>>[133]

¡Ay de ustedes que tomaron al indefenso, a la viuda y al huérfano, y lo sometieron a sus perversas creencias!

¡Ay de ustedes que profetas se hicieron llamar! Pues dieron a beber leche adúltera al indefenso pesando que, su mensaje era verdadero solo porque a Dios mencionaban <<*con palabras artificiosas*>>[134], suaves y engañosas. Pero en sus versos y rimas, la cruz ustedes

---

[132] Ap 8:2s-11:1-15
[133] (Mt 26:52) (Ex 21:12)
[134] 2 Ped 1:16

negaban a todo costo porque sus palabras por los clavos en el madero serian invalidadas.[135]

>><<Con sus discursos altisonantes y vacíos alimentaron a las pasiones y los deseos impuros en aquellos que acababan de liberarse, y los hicieron recaer en el error.>>[136] << Libertad prometieron, cuando ustedes mismos eran esclavos de su corrupción, pues cada uno es esclavo de aquello que lo domina.>>[137]

Llegó pues el momento cuando creyeron que amaban a Dios, pero ni la fracción de un segundo pudieron estar en su presencia. Conocieron verdadera misericordia solo en teoría, porque ejemplo de verdadera misericordia y sumisión despreciaron. Nunca amaron al pobre ni vistieron al desnudo. En cambio, al rico lo alabaron cuando era más vacío que todos y al desnudo hicieron como si no conocieran humano. Sus propias hermanas estaban enfermas y no las visitaron.

¡Ay de aquellas que, ante la presencia de Dios decían!

<<Nosotras si te conocimos, pero se nos olvidó como eras y no te

---

[135] Ez 13:6-9
[136] 2 Pe 2:18
[137] 2 Pe 2:19

> seguimos; en cambio, junto con los hijos que amamantamos te acusamos y de Ti nos burlamos.>>

Uno por uno fue pasando ante el trono de Dios y ante la corte testificando. Como el oro o chatarra valía su testimonio y su pureza. Unos valían como el oro puro que brilla y resplandece, y otros no se reconocían porque eran extremadamente opacos que la tierra bajo sus pies brillaba más que ellos.

¡Ay de aquellos que decían!

> <<Escuche de Ti y eras buen maestro, pero no lo suficiente como para creer en Ti y ahora no creo.>>

¡Ay de los que gritaron al pueblo que lo mandaran crucificar, diciendo!

> <<Nosotros y nuestros hijos nos hacemos responsables de su muerte.>>[138] No se daban cuenta de que nada del peso cayó sobre ellos ni de sus hijos porque Cristo los perdonó al no saber lo que hacían ni lo que decían.[139]

---

[138] Mt 27:22-25
[139] Lc 23:34

En cambio, Él, con su sangre los cubrió como hacían ellos con sus altares, y como cubre la gallina a sus polluelos, los cobijó.[140] A pesar de que hasta la muerte Él los amó, aún lo odiaban, a Él, y a la nube que lo cargaba, a los ángeles y a toda la corte que le alababa. Lo despreciaban. Si pudieran darle muerte dos veces así lo harían porque la primera no les bastó.

¡Ay de ti que te olvidaste de ser sumiso! Que te olvidaste del amor. Tanto te olvidaste de la humanidad, oh humanidad, y no amaste ni te dejaste amar. Lamentaciones habrás de llorar.

Meditaciones

No hay nada nuevo en el mundo excepto nada es igual. Las cosas no son como ayer. El cojo que vio la luz y entendió el mensaje, se fue caminando, y el mudo se fue cantando himnos de alabanza al Dios que suelta la lengua. Fueron todos a oír a Cristo y supieron que Él tenía poder sobre el perdón y lo aplicaba al que dé Él se enamoraba. Los que estudiaban la ley de tinta y de letra la desconocían que, cuando la vieron cumplida la ley no la reconocieron.

Hemos escuchado las palabras y el mensaje se ha revelado. El que cree, con su vida va a testificar lo que

---

[140] Lc 13:34

cree. El que no cree, luchará contra todo y contra todos imponiendo su voluntad de no creyente, e impondrá una vana razón por no creer en lo que ha escuchado. El no creyente encontrará falsa ilusión en su incredulidad y falta de fe y no querrá creer en La Verdad. Formulará razón y motivo por no haberlo entendido y no será humilde ni manso. Y será, no como el caballo que es amigable y no retumba, sino como el silvestre que muestra rebeldía hasta en su trotar.

El que se espanta de día, temerá el día negro y el que hace maldades en la oscuridad, será descubierto cuando los rayos que alumbran no alumbren más ya, cuando la luna no salga y cuando la luz de estrella no vuelva a brillar. Y en medio de todo lo negro la oscuridad será más negra y todo lo tragará. Unos renegarán, otros en cambio darán Gloria a Dios por sus designios, ellos mirarán la luz en la oscuridad y aunque las tinieblas cubran la faz de la tierra, caminarán en la perpetua luz. En cambio, los que andan en las tinieblas se tropezarán con sus mismos pasos, caminarán un poco, pero arribarán al mismo lugar. Y no comprenderán los que rechazaron La Verdad y entonces no se acordarán como es la luz, ni sabrán por qué se ha disipado. Nada lo explicará y no encontrarán la razón. El que anda en tinieblas y quiere ver, verá, pero pocos serán. Al contrario, el que no quiere ver y prefiere la oscuridad de las tinieblas, no verá la luz porque aborrece la Verdad junto con toda virtud que procede del Padre y el Hijo. Y con el Padre y el Hijo, Él, es un solo Dios que soplará llamas de fuego al que en Él cree y da testimonio de la Verdad.

Contemplando el Misterio

En juicio, Dios parte al hombre y a la mujer y los esparce por la balanza y los pesa, y nada pesan, y no igualan el peso para la vida eterna. Al ver que el peso del ser humano es nada, Cristo desde un principio supo que su sacrificio lo igualaría todo, y se sacrificó y pagó lo que no pesaba la humanidad ni juntos ni solos. En verdad te amó mujer El Hijo, y enormemente te amó El Padre hombre, que, al esparcirte por la balanza, Cristo sacrificado y El Padre enamorado, Al Espíritu Santo soplaron. El mismo que inspiró a que los libros santos fueran escritos, también inspiró a que la balanza en tu favor pesara, fundiéndose Él en ti, y siendo uno con tu esencia, alimentado tu alma, en tu materia. Es hoy pues, que Él puede habitar en ti, del comienzo de la vida, a uno sin fin.

Fue el Espíritu de Dios Que llevo a los profetas por los desiertos y las llanuras a anunciar los caminos: caminos de Cristo; senderos de Dios. Pasaron hambre y pasaron frío, entonces cubrieron al que tuvo hambre y comieron con el que tenía frío. Ahí, El Espíritu de Cristo y del Padre que es Uno solo, inspiro la ley, y la dio a los hombres y la ley fue de Cristo y del Padre, era perfecta y Cristo le dio cumplimiento, era su ley, Él la inspiró.

Todo lo que quiso pegársele a la ley, mas ley no fue, fue balanceada. Lo que malentendieron en ella, fue la razón por la que Cristo murió. Por sí sola, la ley no salva, ni balancea en favor a la humanidad. Aunque ella es perfecta y su justicia lo anuncia, por si sola, es como fe sin la cruz: plato sin comida; vaso sin bebida. Es como la vida sin amor: campana sin el ruido; bocina sin sonido. Es pues ella sin la gracia, candado cuál la clave no le cabe; llave que no abre.

Matar, no fue la ley. Murió Cristo por el hombre para que comprendiera la Verdad cuál es misericordia, amor, y no muerte.

Y el hombre vio la Verdad y la entendió. Pero algunos se resistieron al bien sin ninguna razón, solo que les fastidiaba la Verdad porque preferían caminos fuera de la ley. Y no hicieron caso a sus profetas cuáles escribieron,

> <<porque la piedra clamará desde el muro, y la tabla del enmaderado le responderá. ¡Ay del que edifica la ciudad con sangre, y del que funda una ciudad con iniquidad!>>[141]

La ley es bella y en verdad la cumple el enmaderado. La ley no la quisieron y la Verdad la despreciaron cuando la vieron hablar desde sus muros y colgada de un

---

[141] Ha 2:11

madero. En cambio, la ley la interpretaron de una forma no oficial. No vivieron la ley y en cambio despreciaron el Espíritu de la Verdad, y fue verdad pues, que Cristo cumplió con toda ley.

De tal manera amo Cristo, que derrumbó un templo en Jerusalén y otro edificó.[142] Es Él la piedra que en sus murallas los arrogantes y engreídos no quisieron[143]. Él fue la piedra de la cual broto agua y dio a su pueblo de beber al vagar por el desierto después de salir de Egipto.[144] Dio de sus aguas en las calles, dentro y fuera de las murallas, en sus ciudades, a su gente la sed sació.[145] El Espíritu tocó las almas que se dejaron tocar y las llenó. Pasó Él a ser la piedra angular que desecharon ellos, los constructores, dándole muerte. Él es la piedra del templo de ti y el templo de Él, que es templo de Espíritu Santo y es puro y divino. Y su Espíritu calma la sed con sus conocimientos que son más bastos que el agua de los océanos y todos los ríos, riachuelos, y nacimientos. Él, Santo es, Dios Espíritu Santo en vida y en verdad. Pide en Cristo tener el Espíritu Santo, y se te dará.

---

[142] Jn 2:19
[143] (Sal 118:22) (Is 28:16) (Mateo 21:42) (Ef 2:20)
[144] Nm 20:1-13
[145] Jn 4:1-42

Oración

El día que me llames a testificar, que sea mi alma desnudada ante Ti. Mírala y examínala, más sin embargo Tú que eres Dios, si Tú quieres, no esperes hasta que el día, día postrero llegue a ser. Sino hoy mismo hazme caminar senderos de corrección para que el día del juicio no se descubra cosa alguna, sino solo el amor que floreció y la fe que en mí creció.

Proverbios

Ley y Justicia

La justicia es recta; la ley es perfecta

Se cumple la ley, se cumplen sus reglas; no se arregla la ley, la ley es perfecta

La Verdad cumple con toda ley

Jurídica es la justicia ante todo y en todo lugar

La ley expone el orden y la justicia corrige al que camina por senderos del mal

Justa es la justicia, ella no equivoca o mal encamina

La ley no es corrompible y derecha es la justicia

Legendaria es la ley, como el amor al prójimo lo es

Nivel 15

Letanías: María Y los Santos

San Juan Pablo Segundo: Ruega por nosotros

Se escuchó decir una voz, << Los santos y las santas en la iglesia abundan, sus príncipes los proclaman en cantidad.>> Y se oyó decir de algunos, << La iglesia reconoce a los santos como se reconoce a la abuela y también a los niños.>>

Hay pues, jubilo en la iglesia porque de santas y santos está adornada. A Cristo alaban y le dan la gloria. Y le cantan sin cesar <<Santo, Santo es el que viene, Él es el Señor.>> Griten pues y den vítores y honores al Dios del cielo que hace santo al que lo ama. Dios cumple sus promesas, verdad hay en sus palabras.

Santa Faustina Kowalska: Ruega Por nosotros

Pide el consuelo que descansa en el alma. Él es lo fino que adorna la Verdad. Es justo y es preferido; No hay nada mejor. Él es el consuelo de las venas y conoce el dolor. El consuelo no deja de animar, pues es de Dios el alivio. De Dios, es llevar y cargar una cruz y consolar. Y Él consuela.

Ayúdame Dios mío a consolar al que no encuentra la paz y no conoce consuelo. Al que duele; al que teme; al que grita; al herido; al robado y estafado, y por todo aquel que fue olvidado, arrumbado y descuidado. Por los látigos que reventaron Tu piel y por el madero que a Tu lomo fue encajado, ruego entonces Señor, por mis caminos consolar.

Santa Teresita del Niño Jesús: Ruega por nosotros

Lavar los trastes, limpiar el baño, cambiar los pañales. Todo en amor. Dios mío bello y Dios mío lindo, envuelves el corazón en la ternura y el cariño. Gracias por la olla que se me quemó. Por el trapeador que el suelo limpió, por la toalla que se lavó. Tuyo es el sacrificio, a Ti es ofrecido, de Ti son las grandezas, Tuyas son las pequeñeces.

San Agustín: Ruega por nosotros

Inquieto y después calmado es el corazón que busca y encuentra en Cristo descanso. Él es Dios de vivos y no de muertos. Por Él se cantan poesías en las mañanas, y en las tardes se recitan baladas. El viento toca el son de la puesta del sol. Y asciende y desciende la luna vistiendo el velo de estrellas. Tan pronto viene corriendo la primavera, el verde de los llanos hace brotar. El invierno del Señor es puro y es blanco, y cuando se acaba, otra estación empieza y bueno es el Señor. Salen y brotan las flores y los frutos son buenos para comer. Ya está lista la buena uva para ser cortada, exprimida y su jugo beber.

San José: Ruega por nosotros

Hazme valiente en todo lugar y listo a toda hora. Cristo Tú eres el escudo que me protege del flechazo del cazador. De las heridas, el médico. De soledad, el consuelo. Eres hijo, y eres Dios. Eres el hijo de Dios y Dios mismo engendrado. Conoces la mano, el pie, el ojo, y la boca. Sabes lo que rozan mis dedos y lo que toca la bota. Sabes lo que veo y las palabras que hablo. Dios mío, la vida se puede vivir sin Ti, ¿Pero por qué despreciarla así? Tú la embelleces y la adornas de todo lo bueno.

Santa Ágata y San Esteban: Rueguen por nosotros

Martirio la vida contigo no es. Dulce alivio son Tus palabras. Dios, por la sangre derramada de los mártires, fecunda la tierra. Por ella ofrecida, cubre los corazones y vidas desiertas y desoladas. El dolor es temporal como lo es la cruz. La victoria y días de júbilo ya se hacen mirar. El que pone sus ojos y camina en la fe, la vida no le importa perder o ganar, solo que el nombre de su Dios sea por los siglos y los cielos exaltado.

Santo Tomás de Aquino: Ruega por nosotros

Los conocimientos de Dios son sumos y vastos. Ellos se multiplican, se dividen, y se dan a conocer. No tienen principio ni conocen final, el conocimiento nuestra mente, todo no lo alcanza a sujetar. Solo con la humildad puede el corazón entender y comprender los designios de Dios. El corazón es semilla que puede crecer cuando la tierra ha sido removida y se ha plantado en su profundidad. Dios le dará un tiempo para cada cosa. Se esponjará con el agua la semilla, y brotará con el sol. Tomará los nutrientes de la tierra que Dios fecundó, brotará y se asomará por encima de la tierra. Dios fortalecerá el tallo, y las raíces se extenderán vastas y profundas por debajo de su suelo. Cuando en fuerte, y lleno de fruto sé ha convertido el manzano, extiende las ramas y cubre al que busca su sombra y nutre al que busca su fruto. Así es Dios con el corazón. Así es Dios con el hombre.

San Pio X: Ruega por nosotros

Del lado del orden se encuentra Dios, todo va hacia Él y se sincroniza en perfecta unión. Los ángeles suben y después bajan y vuelan en todas direcciones. Y todo tiene su orden y sucede como tiene que suceder. Nada pasa sin que su acción ya esté contada y escrita: cuantas veces el pulmón tomó el aire y cuantas veces al día el corazón limpio la sangre, Dios, Tú lo conoces, lo examinas todo y todo lo sabes.[146]

San Francisco De Asís: **R**uega por nosotros
___

El amor no tiene fin, su único propósito es dar más y entregar más. A mi hermano y mis hermanas doy de lo mejor que tengo. ¿Qué reservo para mí?

Dios entrega todo, todo es de Él, y todo salió de Él y a Él volverá. El que intenta quedarse con algo se pierde de lo mejor al no disfrutar lo que viene después.[147]

San Lorenzo: **R**uega por nosotros
___

Hermoso es el rostro de mi hermano y vale como el oro y la plata y todos los metales y piedras preciosas que hacen su casa en las profundidades de la tierra. Mi hermana lleva la riqueza en su corazón y es el tesoro que se descubrió en un campo. El que encontró la riqueza vendió todo lo que tenía y se compró el campo. Al remover la tierra se dio cuenta de que el tesoro se

___
[146] Sal 139: 1-18
[147] Qo 5:13-20

extendía de esquina a esquina, sacó el tesoro y trabajó la tierra y la tierra le siguió dando.[148]

S anta Teresa de Calcuta: R uega por nosotros

Pobre es el pobre porque le falta la ayuda. Pobre el que pasa frío y cobija no tiene. Pobre el que le falta el desayuno, el almuerzo y la merienda. Pobre el que tiene sed y no tiene agua ni jugo, ni gaseosa ni vino. Pobre el que no tiene techo y el que tiene una herida. Pobre el maltratado; pobre el olvidado.

Rico el que extiende la mano y el que la toma. Rico el que tiene abrigo y lo regala, y rico el abrigado. Rico el que comparte el primer bocado, y rico el que de su almuerzo comparte la mejor parte. Rico el que merienda a la mesa con su hermano. Rico el que comparte el agua fresca, de su soda convive, invita a tomar un jugo, y sirve la mejor botella. Rico el que venda las heridas y rico el que sana debajo de ellas. Rico el que consuela y rico el consolado. Rico el que recuerda y rico el que no fue olvidado.

I mploramos oh, S eñor que tengas misericordia sobre Tu iglesia.

---

[148] Mt 13:44

Letanías

Responsorial: Ruega por nosotros

María Santísima

Madre de los intercesores

Madre del amor

Madre linda

Madre dócil

Dulce madre

Madre buena

Santa e inmaculada virgen

Sagrario, en pies andando

Esposa, mamá, y maestra

Santa de Santos

Manto de estrellas

Nueva Eva

Reflejo de la luz

Silencio de la cruz

Rocío del madero

Brisa de la mañana

Primera estrella y última en despedirse

Resplandor a la esquina del mar y resplandor a la frontera de la tierra

Corazón calmante al corazón doliente

Santa madre y madre de Dios, eres la novia y eres la esposa. Y enseñaste al mundo a ser iglesia como la novia que se convierte en la esposa. Madre y maestra, tú mostraste a los fieles e instruiste al hombre y las mujeres piadosas. Madre, tú educas y eres modelo de cómo se camina y se sigue la cruz. Eres ejemplo y te llaman dichosa. Dios adornó con la luz del sol tus cabellos y del universo te abrigó.[149]

---

[149] (Ap 12:1-2) (Ct 1:5-6)

Madre, oh amada, fue profundo tu <<*si*>>[150], que el cantar de los cantares fue para ti. Tuyos los lirios y tuyas las rosas. Sale la flor y se abre al sol y todo es por amor, y es para ti. El cielo se pinta morado de rosa de rojo y de gris. Sale la aurora; llueve y truena; se asoma el sol; se pinta el arco, alianza de Dios, cuál Él obsequió[151], y es para ti. Con la iglesia, la alegría compartes y se reparte porque hay para todos y de todos es, y de la iglesia el rostro sonriente o doliente refleja el rostro alegre o sufriente de ti.

En caminos de Cristo:

Resucitó

Sin la resurrección de Cristo un día domingo, la muerte habría proclamado su victoria. Vencedora y ganadora sobre todas las almas del mundo, se habría sentado en el trono coronada y su victoria aún sería proclamada. Más El Dios de la vida murió y en la muerte estuvo vivo. Al pecado le arrebató el poder que tenía sobre todas y cada una de las almas del mundo.[152] Fue puesto el cuerpo en la tumba. A la tumba la cubrieron con la piedra. A la Piedra la rodearon de soldados.

---

[150] Lc 1:26-38
[151] Gen 9:12-14
[152] (Hch 2:26-27) (1 Pe 3:18-21; 4:6) (Mt 27: 52-53) (Mt:12: 40)

Un domingo fue el primer día de la semana, y un domingo pasó a ser el último. Dios es Dios del tiempo y Él anuncia un tiempo diferente. Él es el principio y el fin. Él es el elogio de todo elogiado, rey del sábado; es Emanuel, Señor del domingo; es Dios del viernes que hace caer la noche, y es dueño del lunes que hace que salga la luna. El martes es suyo y el jueves también lo es. Y un miércoles es ombligo de la semana, y es el ombligo de Dios.

La iglesia no es una de muertos sino de vivos porque Dios es Dios de los vivos y no de los muertos.[153] Los que caminan la tierra y los que andan por los cielos forman parte de una misma iglesia. La bóveda terráquea no es impedimento para que la Iglesia sea una en la unidad de Cristo.[154] El que cree, de la ciudad santa es ciudadano y a Cristo recibe.[155] El que forma parte del reino del cielo testifica sobre la gloria que hay en el cielo y la que hay sobre el suelo, y testifica que son una misma. Dios toma el hilo y la aguja, y teje el cielo a los mares y une la tierra a la santa morada.

> Dios da el hilo y aguja a la iglesia,
> y ella que es madre y maestra ata y
> desata en la tierra como en el cielo
> y sabe guiar a sus fieles.[156] Trata con

---

[153] (1 Tim 3:15) (Lc 28:38) (Mc 12:26-27) (Mt 22:32)
[154] (1 cor 12:12-27) (Rm 12:4-5) (Ef 4:4) (Col 1:18) (Col1:24)
[155] Flp 3:17-21
[156] (Ga 6:2) (1 Tim 3:15) (Mt 16:18-19)

delicadeza, cuida y amamanta, ella es una, ella es santa.[157] Así se une el día a la noche y cielo se llena de sus colores; éste toca el pico de las montañas y anuncia lo que hay en las alturas. Los cielos a la tierra y los mares a los aires testifican de su gloria; lo bajo y lo alto gritan hacia el viento,

<< ¡Hosanna en las alturas y paz a los hombres y mujeres de la tierra, bendito el que viene y es triunfante en el nombre del Señor! >>

Y el Santo y la Santa fijan su mirada a la tierra y la mujer y el hombre la fijan hacia los cielos, pues Dios habita en todo lugar. Cristo se ve sentado a la derecha del Padre, y El Padre y El Hijo tienen potestad sobre toda creatura que se mueve en la tierra, en medio y debajo de ella, como también Él tiene poder sobre el cielo al cual,

<<Sopla las estrellas>>[158], y su reinado se extiende a todo lo que se expande y en todo lo que se achica.

---

[157] 1 Te 2:7
[158] Sal 33:6

Y la comunión de los santos es viva porque su Dios es el Dios de los vivos que resucito a los muertos y los instalo en su casa.[159] Y los que aún caminan la tierra y ofrecen sus sacrificios, sus oraciones son como el incienso que sube del incensario. Los santos y las santas del cielo a Dios dan la gloria y muchos son los inciensos que suben y bailan y remolinean hasta alcanzar su santo trono.[160]

Meditaciones

Para el cristiano la muerte ya no es fin de nada. Derrotada y otorgada la victoria sobre las sombras a Cristo fue dada. La iglesia celebra y con ella Cristo se alegra, y hay en ella la abundancia de la vida que se expande y es mucho más de lo que fue porque en Cristo todo lo es. Mi abuela, su abuela, y todo abuelo que respira y respiró el soplo de la vida aún lo conservan porque, cuando Dios lo sopló no acabó, ya que la muerte no lo tomó, en cambio de la tumba Cristo al alma llamó.

El tiempo y la fábrica de todo hacen un alto. Cristo se levanta y el padre proclama a su hijo con su cuerpo y su sangre victorioso, sobre todo, en medio de todo, y sobre el altar.

---

[159] Jn 14:12
[160] Ap 8:4

> El hombre y la mujer que saborea el vino y prueba el pan admite <<no ser digno ni de estar bajo el mismo lugar donde mora el Señor>>,[161]

como hizo el primer hombre y la primera mujer. Mas, el Señor les recuerda sentado en una colina, y desde una barca, y hasta colgado en una cruz, que por Él,

> El hombre y la mujer ya no son como sepulcros blanqueados[162] solo por fuera, sino como la tumba que alumbra desde a adentro hacia afuera.

Y de la tumba salen guerreros porque la oscuridad de la muerte a Cristo no lo contuvo, y tampoco contiene al fiel seguidor que luce la coraza de la justicia y calza la paz del evangelio. El pecado fue por Cristo derrotado, y todo el que cree toma el escudo de la fe, y las flechas enemigas, aunque sean muchas y cubran el sol, ya no darán en el blanco. El casco de la salvación en nuestra cabeza por Cristo fue colocado, y en nuestra vaina puesta la espada de doble filo que sale de la boca de Dios y corta con la verdad toda mentira, palabra, y acto de falsedad.[163]

---

[161] Mt 8:8
[162] Mt 23:27
[163] (Ef 6:10-20) (2 Sam 34-40) (Is 59:17) (Sb 5:18-21)

Oración

Dios del universo eres, oh Cristo. Eres Dios de lo visible y lo invisible. Eres engendrado y tejido, y son formados Tus huesos en un vientre santo, sin mancha y virginal. Dios Tú conoces todo y todos Tus planes son perfectos, toma de mis manos la vida, unge mi cabeza con aceite, y quema de mis labios toda palabra impura y mezquina con un carbón ardiente.

Nivel 16
Lugares

Se quedó dormida y despertó en un lugar donde la gente constantemente le preguntaba, << Señorita, ¿cuál es mi nombre?>>.

Todo a su alrededor era como de arena, había columnas; la mayoría caídas, otras desmoronando como hace el más frágil mazapán. La gente ahí no acababa de construir cuando sus estructuras se estaban demoliendo. Los que habitaban en este lugar construían, aunque bien sabían que se derrumbaría la obra de sus manos.

Había unos que cavaban hoyos sin llegar a ninguna parte. Se acostaban en ellos y puños de arena se arrojaban unos a otros hasta que no quedaba nada más que cubrir, y esto era solo como para pasar el tiempo, pero era mucho tiempo, y el fin no llegaba.

Había un tubo en medio del lugar por cuál se deslizaba algo asqueroso que arrastraba a su presa y lo hundía hasta lo más bajo y profundo. Por el camino del tubo había muchos ojos que no veían e ignoraban que habían muchos ojos más, creían ellos ser los únicos dentro del oscuro túnel. Y el cilindro descendía hasta el fondo de lo más hondo. No hubo luz desde el principio, no hubo luz descendiendo, y no hubo luz en el fondo.

En lo profundo estaban los torturados del alma. Caminaban en una base, pero solo por caminar. El piso ardía en fuego. Apestaba el lugar a carne quemada; podrida. Era un vacío de todo; un vacío de las almas y era eterno el lugar. Era un horror para el hombre que ya llevaba en este lugar todo un segundo o apenas una eternidad, y aún faltaban siglos sin terminar. Y llevasen las almas el tiempo que llevasen, aún no lograban aceptar su destino.

Era una tristeza que no buscaba cura y era por siempre eterna, para la mujer que caminaba perdida, espantada, como lo era también para el hombre sin rumbo con paso vano al andar.

Una voz preguntaba y repetía frases que provocaban torturas en el alma,

<< Humanidad, oh humanidad, en la balanza ¿Te quedaste o te bajaste? ¿Amaste y tomaste una cruz y la cargaste? ¿O su peso perfecto despreciaste y su precio desechaste? ¿Fue tu nombre en el libro del Cordero? ¿O sin nombre y sin vida te quedaste?>>

Al escucharla los torturados, rechinaban los dientes [164] y querían sacarse los ojos, pero ojos no tenían, en cambio

---

[164] Lc 13:28

los ojos que estaban en el túnel lloraban y no había nadie quien los escuchara ni consolara.

Las almas pedían ayuda, pero no sabían por qué o de que. Había mucha maldad entre ellos y se gritaban e insultaban. Se cacheteaban unos con otros en la oscuridad solo por pasar el tiempo siempre eterno.

Al momento se les quedaron borrados los labios. Se desató el pánico y angustia al no poder mover los labios pues en su cara no existían ya.

¿Qué les pasa y quiénes son? Ella preguntó, y una voz contestó:

> <<Son cadáveres despreciables y están sin defensa entre los muertos. Porque el Señor los redujo al silencio.>> [165] <<Son ciegos y cortos de vista; han echado al olvido la purificación de sus pecados.>> [166]

De desesperación jalaron la quijada hasta más no poder que tronaron los huesos de su mandíbula. Se les zafaron los huesos de las coyunturas y de dolor crujieron los dientes.[167] Se esforzaban por pasar saliva, pero no la tenían y el calor era una desesperación. Horrible, solo, eternamente triste era ese lugar. Nadie los recordaba y recolección de su propio nombre no tenían ya. Andaban como el desvariado caminando sin rumbo y motivo, sin

---

[165] Sb 4:19
[166] 2 Pedro 1:9
[167] Mateo 13:50

saber a dónde ir y sin aceptar ese lugar. Todos sin excepción estaban perdidos, y nadie lograba salir de ese repulsivo lugar.

Ella solo se percataba de la luz a su lado y todo lo demás era un dolor en el alma. De repente la luz se encendió alumbrando todo el lugar, pero aún no veían porque sus ojos estaban en el túnel uno al lado del otro. Al llegar la luz a los ojos y al ver que había más de ellos quisieron gritar de terror, pero faltaba la boca y era un horror. Algo causaba mucho dolor, eran interminables adultos, viejos, y niños más numerosos que la arena del mar.

En su interior ella solo pudo decir:

>> Dios mío, es un horror y una soledad que no comprendo, es una tristeza incomparable ver a los pequeñitos los más chiquititos>>

<<Es terrible, horrible e incomprensible, todo es nada, como si nada tuviera sentido o valor. Es nada y todo equivale a nada.>>

Eran pesadas las almas y apenas podían andar. Vivían y pasaban el tiempo en cueva tras cueva buscando algo, pero lo único que se encontraban al acostarse eran torturas del alma y bichos de muchas patas que se paseaban en los hoyos donde una vez hubo ojos.

De un momento a otro suspiró de alivio al ver un resplandor y solo dijo:

<<!Oh madre! Que alivio es verte, tú que eres santa, María, bella y tierna. ¡Oh María! Madre inmaculada; madre pura en tu caminar. ¡Oh María! Madre mía, eres todo un amor. Tocó el arpa el arpista; tocó el arpa el salmista, y era bello y era puro.

De pronto se encontró en las nubes y el lugar que fue horrible y terrible se quedó atrás. Estaba suspendida en una gran plataforma. Miro hacia donde estaba su madre María. La vio caminando hacia unas rejas, era surreal y como el sueño, mas sueño no era. El caminar ahí era entre unas nubes donde se amarran unas con otras como el lienzo y como tiras del trapeador. Y era gigantesco todo. Masivo sí, pero también abundante en simpleza, sin embargo, más que simple era el lugar. Vio columnas hermosas, sintió como estar en las nubes, pero de igual manera fuera de lugar y de tiempo, no lograba describirlo, no había palabras, no había expresión. Era un campo y era como estar afuera en un jardín de noche. Las estrellas lucían su resplandor y verdoso era el campo. La niña hecha mujer convertida en maestra, esposa y reina, caminaba con la luna bajo los pies y el sol alumbraba su espalda. No alcanzaba a comprenderlo, no alcanzaba a describirlo. Recordó palabras previamente leídas, y sus labios se movieron haciendo eco las mismas palabras de la santa mística quien dijo,

<<Escribo solo una pálida sombra de lo que entiende el alma, estas son las cosas puramente espirituales, pero para describir algo de lo que el Señor me da a conocer, tengo que utilizar

palabras que me dejan insatisfecha porque no reflejan la realidad.>>[168]

Al verlo todo se cuestionó si era o no era que estaba en este lugar y que es lo que sus ojos miraban, más de su alma, estaba en otro nivel. Era un mar de sinceridad lo que vivía ahí, veía a los santos caminar sin saber a dónde iban o de dónde venían. Era un eterno renacer, pureza y belleza. De éxtasis exclamo: ¡Oh Dios!, ¿Quién merece estar en este lugar?

Dentro de una choza o estructura, no supo lo que fue, se encontró frente a algo perfecto, una columna hermosa de color azul turquesa cuál brillaba entre verde oscuro, lucia estrellas y resplandecía su borde dorado. Ella supo que era un manto el que cubría el pilar. El lugar tenía un toque de mamá que adorna y sabe adornar. La columna tenía algo inscrito, un símbolo muy parecido a algo visto en un pasado.

Se encontró entonces en una corte cuál era bella y no tenía techo, era hermosa y se extendía de estrecho a estrecho. Era de tabique gris o eso creyó. Era como una hermosa tabla de ajedrez. Tenía niveles que ocupaban los fieles, y filas tras fila cantaban sin cesar. Salían las bancas y surgían asientos. La corte se transformó en un lugar gigantesco y era semejante a un estadio masivo e innumerables eran los asientos que aparecían, ella no

---

[168] Kowalska, F., "[Número 758]," en Diario: La divina misericordia en mi alma, Marians of the Immaculate Conception, Eden Hill, Stockbridge, MA, 1996.

lograba mirar nada ya. Estaba muy lejos en otro lugar, más allá de las nubes. Era puro el ambiente; exquisito el aire al respirar. Era eterna tranquilidad y era fresco el suelo, y rico los pies como después de andar en el sol.

> <<Sí, así es María>>, dijo una voz como de hombre. <<Es buena madre y maestra y lo hace todo.>>

Ella solo suspiró y su alma fue la que habló:

> <<En Tu presencia Cristo solo basta estar, es única, real. Más cierto que lo cierto. Eres toda mi verdad.>>

En caminos de Cristo:
Vencedores en Él

Amados en Cristo. Antes de aceptar la verdad caminábamos como ovejas perdidas que no tenían pastor. Alégrense pues porque Dios ha encontrado favor en cada uno de ustedes que acepta el mensaje y a prueba lo pone.

Antes el fuego nos devoraba cuando se presentaba la prueba y nuestro enemigo el demonio se alegraba de que fuéramos achicharrados en el fuego. Pero Cristo que es bueno con nosotros, nos ha dado el divino alivio y ahora conocemos la verdad. Ahora se prende el fuego y pasamos por él, no para quemarnos sino para qué como el oro se luzcan las enseñanzas de Cristo en nosotros.[169]

Alégrate pues hombre a la hora de la prueba[170], porque tú que conoces a Cristo sabes que toda injusticia será tornada en justicia y toda mentira será expuesta por Dios ante toda Verdad.

Mujer, vive de acuerdo con el mensaje y verás los días de alegría para ti y para tu familia. No reniegues contra tu hermano y menos contra Dios. Dios sabe que hay cosas que son desagradables en la vida, pero gloria a Dios por el hombre y por la mujer que como ejemplo se regocijan en Él, porque brillan sus almas como el oro a la hora de la prueba. Y por su testimonio el que no cree, creyente se hace porque vio el evangelio y vio su realeza en ti hombre y en ti mujer.

Quiéranse y ámense unos a otros como Cristo los amó. Oren entre ustedes por sus comunidades para que Dios derrame de la gracia, y sus promesas en el chico y en grande sean realizadas. Oren por sus dirigentes locales, estatales, y nacionales porque Dios les ha dado poder y autoridad. Oren pues para que ese poder y autoridad sean usadas para edificar al pueblo santo y no para la opresión. Oren ustedes hermanos y hermanas que Dios no permita en sus lenguas calumnias, ni chismes, ni insultos, ni nada que no venga de las virtudes del Espíritu

---

[169] 1 Pe 1:17
[170] 1 Pe 4:19

que purifican al hombre y a la mujer. En cambio, aborrezcan el pecado porque nada bueno viene de él. Sus mentiras son para destruir y nunca para amar. El pecado se sirve a sí mismo, y en él, no se puede dar gloria a Dios. El pecado arrastra al abismo y sus garras no son sin clavar.

> Ahora bien, fuiste liberado por Cristo de esas garras, no quieras pues volver a lo mismo como <<el perro a su vómito para hacer banquete de él.>>[171]

Hermanos sean pacientes unos con otros y den de lo que Dios les da para que la obra no acabe nunca, sino que por los siglos de los siglos el signo del amor siga brillando y la verdad reluciendo en la vida de cada uno de ustedes. Amén.

Meditaciones

¿Qué sería de mí si la verdad no conociera? Vagaría como el perdido en la oscuridad creyendo tener rumbo y dirección, pero acabaría siempre en el mismo lugar. El caminar del hombre es desolado cuando camina solo y solo confía en sus pasos. Es vano el pie que anda como la huella en la arena que se lleva el mar. Sin Cristo vanas serían las acciones, como el que construye en la arena y se tapa con ella, pero chiste y propósito no hay. Dios me

---

[171] (Pr 26:11) (2 Pe 2:21-22)

libre de buscar cachetear la mejilla de mi hermano solo por maldad. Dios me libre del pecado que arrastra y es asqueroso al andar. Prefiero un sinfín de veces con Tu ayuda y con Tu gracia oh Cristo, darme al amor y acostarme en una cruz, que vivir sin rumbo y sin amor.

Reflexiones

El tiempo es ya. Cristo esta pronto y su mensaje se escucha cerca. El corazón lo comprende y el ojo de la venda se desprende. Nada volverá a ser igual en la vida, un tiempo se acaba y otro comienza ya. La alegría del evangelio nos llama a vivir una vida diferente. Los caminos que escoge el cristiano son unos de fe y de amor.

El fruto de la verdad en nuestras acciones y nuestras palabras son las que revelan a Cristo. El que cree en Cristo y su vida le da, no es defraudado nunca. Aunque el mundo defraude, Cristo jamás. Cristo jamás dijo mentira o actuó en falsedad, entonces tampoco tú, hermano y hermana mía. Todo camino y mensaje que Cristo dio, fue y es en verdad, y es para que nosotros conozcamos y vivamos como Él vivió, en Espíritu y en Verdad. Solo en Cristo se conoce la verdad. Es que no hay verdad absoluta fuera de Él. En nada podemos poner nuestra confianza porque seríamos defraudados al darnos cuenta de que todo lo que de Cristo no venga, es falsedad.

Cántico

Canta la niña y cantan los santos

Sostienen rosarios y entonan en fila formados

Bello es el Cántico; maravilloso Él

El Cristo es el Cántico y también el Padre lo es

De amor es el Cántico

Se cubre el coro de una flama azul y muy fina y otros colores se dejan ver

Es puro el color y los santos cantan la flagelación y es un llanto de espinas, y es el Cántico en el silencio, pero lo escucha el alma y los labios lo saben bien

Es aceptando la voluntad de Dios siempre sincera, así el Cántico es, y la Verdad se anuncia en Él

Es como cantar en cristal y la voz traspasar y el alma llenar

Es como el puro sonido y es como cantar en la luz y es como entonar a la cruz

Y de la cruz, decía una voz, <<Fue vencida ella y santificada, en altares y en los cuellos de los fieles colgada>>

Y el Cántico es:

Llanto en silencio y alegría profunda es

Y los labios:

Se mueven oh como se mueven los labios para cantar

La virgen es pura y su rostro ¡Ah su rostro!

Y no termina el Cántico, el Cántico sigue y sigue, oh Dios mío,
Es todo como el silencio, y la música toca lo más bello de lo más bello, pero en silencio

Y es fino el orden del Cántico; es bello y hermoso

Como fina cosa; como cosa hermosa, pero es más hermosa que alguna cosa.

El Cántico es como la aurora y como de colores el arco, es puro en el alma que lo recibe y luego lo entona

Y brilla en la oscuridad como un resplandor de oro más fino que lo más fino y más puro que lo que no tiene mancha

Y las tinieblas ven el resplandor y no pueden contra Él, es la Verdad y es Dios en las nubes. Es el Padre viniendo, y es Cristo en la nube. Y es Dios viniendo a su pueblo

Una voz hondamente pregunta y advierte

<< ¿Dónde está el pueblo? El novio aquí esta>>

Y unos responden

<<Ya el vino está servido.

Probad de la viña del hombre

Probad de la viña de Dios>>

Los sonidos son puros y es una música bella

Es radiante el color de la nube, es santa y es bella

Y ella carga al hijo del hombre quien es hijo de Dios y Dios mismo en Verdad

Y la Verdad lo alumbra todo y ella es revelada

Plegarias de los Fieles

Responsorial: Te ruego oh Cristo

Por el alma en el purgatorio — Para que encuentre el descanso eterno

Por el sacerdote — Por el viejo párroco, y el nuevo vicario que guía a Tu rebaño

Por el santo padre — Para que sean sus fuerzas renovadas en medio de la tempestad

Por qué reine la Justicia — Para que el que es maltratado conozca el amor

Por qué abunde la paz — Para que nos encontremos oh Dios, cara a cara contigo

Por qué necesitamos Tu gracia — Porque sin ella no somos nada

Por el consuelo divino — Porque solo en Ti se halla la calma

Por el pobre- —Para que ame el alma del rico

Por el rico — Para que se desviva por el pobre

Por el abandonado — Para que al toparlo por mi camino lo sepa reconocer y amar

Por el hambriento que de Tu pan no ha comido- Para que pruebe y calme su hambre

Por el sediento que agua viva no tiene — Para que tome y sacie su sed

Por el desnudo — Para que lo abrigue sin pensarlo

Por todos los fieles — Para que permanezcan firmes en la fe

Por todos los infieles — Para que el corazón se torne a Ti

Por la humanidad — Para que conozcan el amor y la compasión

Por el que maltrata — Para que sea amado por el maltratado

Por el maltratado — Para que se respete su dignidad

Por el que humilla — Para que sea amado por el humillado

Por el humillado — Para que nunca guarde rencor, al contrario, solo sepa embriagar del mar de Tu amor.

Todo esto te ruego Dios y Señor. La súplica de mi corazón, la que habita en lo más profundo también es Tuya. La que me despierta en las noches, y la que llama en el alma también te presento. Mis intenciones uno a las de Tu iglesia para que con ellas y todas las oraciones de los santos lleguen hasta Tu trono como el más suave incienso que quema de amor.

Oración

Todo a la cruz, todo Tuyo es oh Dios. Tú lo das y Tú lo quitas. Tú mi consuelo. Eterna alegría.

El Sello Abierto

Al que se sienta en el trono,

Dios, Tú eres misericordioso con el misericordioso y también lo eres con el que la misericordia aborrece. Enseñas la verdad al que te busca y colmas de bendiciones al alma que te llama. Fuera de ti los caminos de la muerte se dejan ver. Poco a poco esos caminos van perdiendo su sentido y son vanos que, al tratar de llenar la vida de ellos, su vacío anuncia la muerte. En cambio, Tu llamar y Tu mirar tienen el alimento de la vida, lo que al alma sostiene.

Llámame pues Cristo en los días de mi niñez, quédate conmigo en la juventud, y triunfa conmigo en cada etapa de mi vida hasta la vejes. Solo no estoy, solo basta la cruz. Es suficiente abrir mis labios y prestar mis oídos para hablar contigo y escuchar Tu voz. Eres Dios, bueno y paciente. De igual manera Señor, que la paciencia y la verdad que viene de Ti, sea también de la humanidad que toma de Tu mano en vez del arrebato, en vez del egoísmo, en vez del engaño.

¿Quién se igualará contigo Señor? Pues no hay amor más grande que aquel que por sus amigos la vida da, y la da por la familia y la da por el pueblo. Y Tú Dios la diste por el vecino, por el mendigo, y por el hombre que te clavaba a la cruz. Cristo, Tu amor no es igualado, es distinguido entre los millares y es más vasto que la arena del mar, más vasto que los astros, y más vasto que los millones y los billones y los villares. Y es más vasto que lo visible y es más vasto que todos los ojos que no alcanzan a ver lo invisible. Completo e infinito.

Única es Tu voz. Es como la abeja cuando se acerca a la flor de la vida, la mira y ve su belleza y ve su color. La toca y le toma el polen y chupa su miel. Llega a al colmenar, y llegan los tiempos de frío y ella tiene lo de la flor. Y les da a las abejitas las más chiquitas alimento de flor y tiene para ella lo de mil inviernos porque la flor dio mucho y dio más.

¿Quién se hará pequeño igual que Tú? Lo más pequeño de lo mas pequeño ya tiene dueño y ese eres Tú. Y eres tan pequeño que enseñaste amor a la pequeñez. Y en la pequeñez fuiste gigante, El más grande de todo lo fuiste Tú. Tú, pequeño te hiciste. Y amaste, y amaste mucho. Y amaste a todo hombre y a toda mujer. Amaste la tierra y su lombriz, y la semilla y su fruto. Sí, amaste.

¿Qué podrá contra Ti y quien se podrá resistir? Oh Dios mío. ¿Quién compite contigo? ¡Nada se iguala y nadie se mide contigo! Cristo, Tú eres el Hermano mayor, el mejor hermano, el mayor humano.

Fuiste hombre y eres Dios. Y gritaron

>><<Blasfemia, un hombre no puede ser Dios. A Dios nada se iguala.>>

Mas Dios, Tú fuiste igualado. Esa fue Tu sentencia:

Igualado = Igualado al lado de Dios igualado. Dictaron sentencia. <<A este que a Dios es igualado, a cruz por igualado.>> Valió más la verdad y fuiste crucificado, fue verdad la sentencia. Cristo, a Dios Tú fuiste igualado.

La justicia sostiene la balanza y Tú, Dios, lees su dictamen. La justicia, ella siempre es recta y no se hace doblar. Ella no se quiebra y no se tapa, ella es verdadera, y la Verdad no es otra porque la Verdad no es fuera de la ley. La Verdad todo lo cumple. Y cuando es crucificada, Ella atestigua recta, y su sentencia es verdadera.

La Verdad venció mentira y es verdad comienzo y final. El principio fue verdadero y fue humano. Y Cristo era ya, Dios humano. Y de la nada se formó algo porque Cristo, Tú eras ya, y antes de hacer todo Tú eras ya: principio y final.

Contigo Cristo siempre hay más, se está en una dimensión, pero también se está en aquella otra, donde uno es por el Espíritu, arrebatado a otro lugar. Eres una infinidad como el horizonte y más vasto que todo lo que hay. Lo eres todo, y Tu amor lo cubre todo y todo lo das.

Sí, lo diste todo. Dios, siempre más diste. Siempre y de nuevo Alpha y Omega, más Vino en la boda, mucho pan al hambriento, no faltó el bocado. Pan multiplicado y agregado y comido del mucho pescado. Siempre más es Tu amor; como nadie la vida das principio y final. Del polvo al hombre creaste y de la tumba lo levantaste.

Dios amoroso, amas las almas y las tomas en brazos y de ellas no alejas ni retiras tu brazo. Abres los brazos y abres las manos de lado a lado y te dejas clavar. Y no dices nada, no es necesario. Tu carne es arrancada, como flor de pétalo desnudada. El rostro, oh rostro divino te fue arrancado, arrebatado, más aún te conozco, aún te amó con todo el corazón, con toda mi alma, y con todo mi ser, pero aun así es demasiado pobre mi amor.

Tanto y tan débil es mi amor hacia Ti Dios y Señor que pesa el pecado. Muestras el calvario. Aborrezco pecado Señor al verte sin rostro. Tan solo deseas bajar de la cruz, y Tú bajas. Más no deseas. Y no bajas. Abajó no existe amor y arriba falta la humanidad. Y el amor no baja, Tú solo subes a la Cruz.

Ante tu sacrificio por la humanidad la justicia se para recta y sus rodillas no hacen doblar, La paciencia está en duelo más no sabe rendir. La templanza, oh la templanza conoce el dolor. Y todos doblan rodilla ante el Cordero que es degollado, pero no la Justicia. Quiere ella arrodillarse más sabe obedecer a su Dios, cuál, de la cruz no baja, y la justicia no dobla rodilla. Y el sello del templo, lo abre el Cordero y rasga el velo.[172] Y es verdad, Tú eres Dios. Al abrir el sello el Cordero es glorificado y su nombre lee la verdad, Cristo.

Hijo de Dios padre, Hijo de la Verdad y Verdad al tiempo mismo, Verdad de la que solo hay Una. Amó Dios a la humanidad que su Espíritu dio para que todo ser humano tuviera vida en abundancia y en verdad.

Del Santo sepulcro Dios, moviste la piedra y el soldado no la vio mover. De la tumba saliste oh Cristo. Dos días sin Ti, son los tiempos de la eternidad. Oh, Dios una eternidad. Y dijo el profeta:

> <<Vengan, volvamos a Yahvé; Dentro de poco nos dará la vida, al tercer día nos levantará y viviremos en su presencia.>>[173] Al verte resucitado el gozo de la vida es siempre más.

Dios Tú eres: Nazareno y Galileo. Eres de Judá, león a sus cachorros, de Gad descansar, de Benjamín su partir y llegar. De Rubén el Dios del Edén que perdona hasta la más vil ofensa. De Leví y de Simeón amor tras amor

---

[172] (Mt 27:51) (Lc 23:45)
[173] Os 6:2-3

rechazado. De Zabulón, oh Zabulón, capitán eterno dentro y fuera del mar. De Isacar gracia, buena vida, y bienaventuranza. A Dan diste amor incansable y toda justicia. Dios de Aser fuiste. De Neftalí Tú cuidaste. A José en tierra ajena lo amaste y guiaste.

Por todos y para todos Cristo ofreces la vida, aunque el humano no merite razón, Tú oh Dios, no deseas otra cosa. Y puedes Tú Cristo al instante resucitar. Al instante curar Tus heridas, Tú puedes sacar una mano del clavo y aparecer en otro lado, más no lo haces. Complejos son Tus caminos.

Tú dices a los tiempos, <<*cambiar*>> y los tiempos se cambian. El tiempo que fue ya no es, porque en Ti siempre hay más. Dios infinito de todo, todo lo eres. La fábrica es Tuya, más prefieres hacerlo todo al revés. Y tocas los pies en lodo y sientes de las mañanas su brisa. Y Tú, trabajas el lodo y Tú, esculpes el barro. Y eres así. Tú Dios, así eres.

Tú, Dios mío, nos proteges del mal. El malvado que se arrastra, que hace ruido y espanta, el que clavaba al ciego a sus garras, escuchó rugir al león. Como cobarde se fue escabullendo; se fue preguntando

> << ¿No era ese un cordero? ¿Cómo es entonces que ruge como el león en la selva cuando ha capturado presa? ¿Y cómo es que en su guardia los cachorros rugen también al ser dados bocado? Y cuando huía del león el

malvado topó con la madre osa y se preguntó, ¿Qué no era un león del que yo corría? Y al llegar a casa, en sus paredes pensó hallar el descanso, en ellas recargó su peso y apoyo su mano y en sus paredes no estuvo a salvo.>>[174]

Tuya es Dios mío, la mucha vida, más sin ti es poca toda, aunque infinita. Si faltas Tú, oh Dios, que será del humano. ¿Qué mano poderosa se extenderá y protegerá a Tu pueblo? Mano poderosa y justa solo viene de Yahvé.

La justicia sostiene la balanza y da al Padre el dictamen de <<mesura, número y peso>>[175], con Dios o sin Dios lee la balanza; con Él o sin Él lee el dictamen. La balanza no miente. La balanza es perfecta. Cristo, justo juez era ya en la balanza desde un principio cuando por Él, la escala era anivelada. Es Él quien pesa el corazón. Oh creación pequeña y diminutiva, tuviste del Dios de la vida su compañía. Y la balanza siente el peso, lo pesa perfecto y es verdadero el peso y es igualado. Oh, Señor, no bajas del madero, oh, Señor no dejas de igualar la balanza.

El que ocupa el trono dio al Cordero el libro que fue antes y después; por el derecho escrito y también al revés, fue antigua y nueva la alianza, eterna ella es. Del libro de la vida el Cordero abrió los sellos.

---

[174] (Jr 5:6) (Am 5:19)
[175] Dt 25:15

Humanidad, ¿qué escuchaste?

> << ¿Amaste y tomaste una cruz
> y la cargaste?
>
> ¿O su peso despreciaste y su
> precio desechaste?
>
> ¿Fue Tu nombre en el libro del
> Cordero? ¿O sin vida y nombre
> te quedaste?

O fue suave la voz que te decía

> Alma Mía, Mía querida
>
> ¿Te gustaron las rosas?
>
> ¿Y qué de los lirios?
>
> ¿Te dejaste enamorar?
>
> ¿Fui yo quien te enamoró?
>
> A quien viste morir y nacer
>
> Quien calmo el viento y giro
> por ti las nubes
>
> ¿Te gusto la salida y puesta de
> Sol?
>
> ¿Te gusto que saliera a tu
> encuentro?
>
> Amada mía, mía querida.

✝

A verte de noche a luz de luna
y estrella

¿Estuviste contenta?

¿Soy Yo el esperado, entre los
lirios y entre las rosas?

Echada en la hierba entre pastos
verdes

Me escuchaste llamar

Viniste

Fue noche la tarde

y viniste

Tú ya estabas despierta

Viniste

Te dejaste amar

Amaste

www.ingramcontent.com/pod-product-compliance
Lightning Source LLC
Chambersburg PA
CBHW020229170426
43201CB00007B/371